REQUIEM POUR YVES SAINT LAURENT

DU MÊME AUTEUR

L'ANNÉE DE LA MODE 1987, éd. La Manufacture, 1987.

L'ANNÉE DE LA MODE 1988, éd. La Manufacture, 1988.

ISSEY MIYAKE, éd. Assouline, 1997.

MADAME GRÈS, éd. Assouline, 1999.

LE PANTALON, *une histoire en marche*, éd. Vilo, 1999. Grand prix du livre de Mode.

MARIE LAURE DE NOAILLES, *la vicomtesse du bizarre*, éd. Grasset, 2001.

YVES SAINT LAURENT, Grasset, 2002.

JACQUES HELLEU, éd. La Martinière, 2007.

Ouvrages collectifs

LES CHINOIS. Photographies de Ling Fei, éd. Autrement, 1997.

LES ANNÉES 90, *Anne Bony*, éd. du Regard, 2000.

LA VILLA NOAILLES, *une aventure moderne*, éd. Plume, 2001.

QU'EST-CE QUE LA CULTURE ?, Université de tous les savoirs, sous la direction d'Yves Michaud, éd. Odile Jacob, 2001.

YVES SAINT LAURENT, *naissance d'une légende*. Photographies de Pierre Boulat, La Martinière, 2002.

GUY BOURDIN, Victoria & Albert Museum publication, 2003.

LAURENCE BENAÏM

REQUIEM POUR YVES SAINT LAURENT

BERNARD GRASSET
PARIS

ISBN 978-2-246-74741-3

« Le drame n'est pas de mourir, mais de ne pas exister. »

Christian Boltanski

« Sa carapace ne le protège plus », m'avait assuré un intime en février 2008. La mort se glisse sous les draps des vivants bien avant de les frapper. Elle épuise, elle ronge, elle se colle comme une amante insatisfaite. Elle sème. Elle casse. Elle rend fou. S'en va. Sonne. Revient. Elle se fait passer pour l'autre. Derrière les portes à battants des hôpitaux, dans l'odeur de désinfectant, on la voit grimacer, dans les cliniques aux couloirs feutrés, elle se fait les ongles, boit du champagne noir. Prépare son entrée, lentement, sûrement. Un jour, le regard de l'homme qui avait fait du monde son miroir, n'accroche plus la lumière, il flotte. Il a une bouche, des jambes, des bras. Plus rien ne s'invite en lui. Ni les chevaux kirghiz ni le parfum du santal de Mysore. On est là, en face d'un être réduit par ces pilules déconseillées aux « utilisateurs de machines ». D'un vertige de roses, il ne reste que les épines. Les « beautés immenses et délicates » s'éteignent en lui.

> « J'ai glissé mes mains sous des voiles interdits,
> touché l'Intouchable
> et vécu les nuits sublimes du cantique des cantiques »,

écrivait-il. Je l'avais rencontré à travers ses robes, qu'on aurait dites ensorcelées par « les parfums pourpres du soleil » dont parle Arthur Rimbaud dans les *Illuminations*, l'un des livres de chevet d'Yves Saint Laurent. Avec lui, la nuit semblait taillée dans la « soie des mers », le sacré et le profane se disputaient toujours l'étrange appel de l'aube. A Paris, quand ses robes passaient, un frisson de beauté se répandait sous le grand lustre du Salon impérial. L'hôtel Intercontinental ne s'appelait pas encore Le Westin. Il venait saluer et repartait, le visage plein de Love couleur rouge 19, les baisers de ses mannequins. « Yves ! » Les seuls à l'appeler par son prénom étaient les photographes, auxquels il souriait, les cheveux teints, immense et vacillant dans son costume de scène, celui de Monsieur Saint Laurent. Autour de lui, le public avait vieilli. Du second rang, il n'était pas rare d'apercevoir, sous la veste d'une fidèle, le zip d'une jupe en cuir bloqué par quelques kilos en trop. Mais sur scène, le corps se métamorphosait, à la fois altier, voluptueux, il prenait son envol, entre les blés et les vagues. Ses Boyard étaient devenus des Vénus et des Flore. Le trait s'était condensé, au point que des trente-deux mètres exigés pour un manteau lamé or en 1976, ne restait qu'un souffle d'air teinté, une promesse de bonheur, apparue sur les traits d'Ysé, l'héroïne du *Partage de Midi*, de Claudel, l'un de ses autres livres fétiches : « Tu es comme l'arbre cassie et comme une fleur sentante ! Et tu es comme un faisan, et comme l'aurore, et comme la mer verte au matin pareille à un grand acacia en fleurs et comme un paon dans le paradis... »

Avec leur carrure impressionnante, certains vêtements de jour d'Yves Saint Laurent étaient comme trop marqués par la gloire. Ceux-là correspondaient souvent au milieu des années quatre-vingt, au faîte des honneurs. Ils évoquaient l'insistance avec laquelle certaines femmes mûres se fardent pour dissimuler leur solitude. Le masque de fonction accuse l'âge, là où la nature pourrait l'esquiver. Ce n'est qu'après la séparation qu'elles renaissent, au bord d'une autre vie, d'une envie nouvelle d'amour, de vent, de liberté.

Un rêve se prolongeait dans le sillage d'une histoire qui se terminait. Je pense en particulier aux dernières robes de mousseline, glissées comme des songes, au milieu du défilé « Rétrospective 1992-2002 » en janvier 2002, au Centre Pompidou. Des nuées d'aurore constellées de cristal de roche. Des iris et des bougainvillées que le vent tissait à l'infini. Leurs reflets semblaient chargés de toutes les lumières, de tous les jardins, de tous les rêves qu'Yves Saint Laurent était allé chercher au fond de lui-même. L'étoffe suivait le contour du corps sans l'étreindre, rien ne l'enfermerait jamais dans l'histoire de la mode, ce n'étaient ni les drapés Parthénon de Grès, ni les robes mouchoirs de Vionnet, c'était juste la vie qui remuait en nous. Un souffle d'amour dans les mains de Madame Georgette et de Madame Colette, premières d'atelier flou. Colette était arrivée en 1996, après des années chez Chanel, Hanae Mori, Givenchy. Elle avait attendu ce moment avec détermination. A chaque fois, une voix lui répondait, comme à tant d'autres : « Nous n'avons besoin de personne. » Elle avait travaillé pendant onze ans rue Cambon avec Mademoiselle, dont elle redoutait les coups de ciseaux, capables de trancher à vif un tailleur de tweed la veille de la collection. « Monsieur, c'était tout le contraire. Il restait derrière son bureau. Il nous faisait choisir les croquis… » Madame Colette aimait sentir la mousseline fuir sous ses doigts, et la retenir, sans la casser. Contrairement aux ateliers tailleurs, qui souvent prenaient pour base les mêmes patrons, d'une saison sur l'autre, elle partait du mouvement, et de lui seul. « Dans le flou, on est obligé d'évoluer, puisqu'on évolue avec le corps, c'est sur la peau, ça bouge, ça s'envole… »

Le 7 janvier 2002, Yves Saint Laurent avait annoncé la fermeture de sa maison de couture. Il avait offert le spectacle de sa mort professionnelle. Il avait dessiné soixante-dix modèles, trente-neuf furent réalisés. Les ouvrières ne savaient pas que c'était la dernière collection. « Un choc », disent-elles encore. Mais certaines reconnaissent s'en être doutées. Le 25 novembre 2001, contrairement à ses habitudes, Monsieur n'était pas venu à la Fête des Catherinettes. Pierre Bergé avait fait un discours, à l'imparfait... Des travaux allaient débuter. On supprimerait les ateliers pour les remplacer par des chambres froides. « On ne trouvait plus le petit escalier qui menait au réfectoire. On était un peu perdues. Pour s'orienter, on regardait les fenêtres. Monsieur était dans son studio, seul. Après, ça nous faisait mal au cœur de monter. »

Cristóbal Balenciaga avait annoncé en 1968 qu'il fermait sa maison. Hubert de Givenchy avait vendu la sienne. Madame Grès avait enduré, de son vivant, un cauchemar de couturier. Cédée pour un franc symbolique à Bernard Tapie, la maison et tout ce qu'elle contenait avaient été broyés dans des bennes, garées rue de la Paix. A partir de ce moment-là, elle se mura dans la folie. Quelques années plus tard, la doyenne de la couture se vit offrir le luxe de disparaître anonymement. Elle ne fut pleurée que par sa fille. La profession n'avait pas été avertie de sa mort.

Yves Saint Laurent allait voir toutes ses robes revenir, comme autant de présences envahissantes et glorieuses. L'orthodoxe de la fantaisie savait qu'il se réserverait le cauchemar d'un repos sans heurt, ce *malestar* sans échéance, un monde sans muse, sans dessin, sans *deadline*. « En dessous de l'action et non pas au-dessus », comme l'écrivait Valery Larbaud pour définir l'état dépressif.

Les commandes avaient afflué. On ne ferma pas en juillet comme prévu, mais en octobre. Yves Saint Laurent, arrivé à Paris pour y faire du théâtre, laisserait son idéal se faner dans une maison remplie de lys et de silence. Son entourage pensait qu'il se remettrait à dessiner des costumes, des décors.

Avenue Marceau, un professeur de perspective vint même lui donner des leçons. C'était sa manière de redevenir le jeune homme auquel Monsieur de Brunhoff avait conseillé de finir ses études, avant d'entreprendre toute carrière. D'honorer, comme il l'avait toujours fait, la connaissance d'un métier. C'était oublier que de part et d'autre du trou noir, l'espace se déforme, les étoiles s'aplatissent pour devenir de simples crêpes gazeuses. Les modèles, les formes, les tracés, les hachures, il en connaissait tous les secrets, de manière instinctive. Et son désir était bien plus fort que tous les ordres auxquels la théorie le soumettait, pointer l'objet sur un quadrillage, rectifier les tracés, faire des relevés de mesure. Au bout du troisième cours, il renonça. On ne tailla plus pour Monsieur les crayons Mars Lumograph 100 2B de Staedtler. Les carnets de croquis restèrent blancs comme les toiles dont on se servait désormais seulement pour housser les robes. Elles étaient revenues, et les ateliers seraient transformés en salles de conservation, où les capes aux raisins d'or, les bals de brocarts et de plumes reposaient dans des édredons de papier de soie immaculé.

Cinq mille vêtements, quinze mille accessoires, cent cinquante mille croquis constituaient le trésor de guerre de la Fondation Pierre Bergé-Yves Saint Laurent, reconnue d'utilité publique le 5 décembre 2002. Gandini, Buche, Bianchini Férier, Abraham, les noms de ces fournisseurs vivaient enfouis au royaume de la conservation modèle, à un niveau d'exigence qu'aucune maison de couture n'avait vraiment tenté d'atteindre. Telles les patientes d'une luxueuse clinique esthétique, les robes étaient choyées, dorlotées, les cintres étaient rembourrés de papier de soie, des fées en blouse veillaient sur tout ce qui aurait pu contrarier leur repos posthume dans les espaces frigorifiques : taches, plis, auréoles, lacunes, agrafes oxydées, décollements divers, usures. Comme des belles au bois dormant, les plus fragiles étaient allongées dans de grands tiroirs plats : c'est le cas de la fameuse 00001, commandée en 1962 par Madame Arturo Lopez-Willshaw. Lorsque des « nouvelles » arrivaient – la plupart du temps rachetées à des clientes, ou dans des ventes aux enchères –, lorsque des anciennes revenaient – d'une exposition –, elles étaient mises en observation ; le check-up commençait par un dépoussiérage en gants de coton blancs et s'achevait par un conditionnement sous housse. En général, c'étaient les fils qui craquaient. Même les plus solides avaient leurs limites. Dans l'organza, les grains de poussière rentraient « comme des petits crochets », selon les mots d'une première main qualifiée. « On dirait des bêtes. »

Au milieu de ces fantômes, il ne créait plus, il vivait en retrait de sa propre histoire. Celle qu'il avait vue tant de fois défiler. Celle qui se défilait désormais. La vie semblait avoir perdu son sens, elle était comme une robe mal construite, sans dos, sans devant, sans bolduc pour la soutenir. Un Mondrian sans ligne. Privé de sa cage, le lion errait dans un monde trop vaste, déformé par l'absence de repères et d'échéances. Pendant des années, il n'avait existé que dans ce combat contre lui-même, contre le public qu'il honorait de sa présence inquiète, traqué par l'obsessionnelle ritournelle : « Monsieur Saint Laurent est-il aussi malade qu'on le dit ? »

Il était allé jusqu'à fumer plus de quatre paquets de cigarettes par jour. Et même la nuit, lorsqu'il n'arrivait pas à dormir. Le sens de l'excès ne connaissait chez lui aucune limite. Il pouvait engloutir le litre de sorbet au fromage blanc que lui préparait l'un de ses deux cuisiniers. Prendre des Tranxène comme des bonbons. S'écrouler. Se laisser choir. Revenir, le front lacéré, le bras en écharpe. Avec la même énergie qu'il employait à se détruire, Yves Saint Laurent soignait son apparence à l'extrême. Vêtu de costumes sur mesure (Charvet), chaussé par Berluti ou John Lobb, il allait comme Catherine Deneuve, Jeanne Moreau ou John Galliano, se faire reprendre des mèches chez Christophe Robin, le coloriste des stars.

Il était comme le condamné à mort de Victor Hugo, pleurant de ne plus pouvoir broder d'arabesques sur « la rude et mince étoffe de la vie ». Il venait tous les matins, vers 11 h 30, rue Léonce-Reynaud. Catherine, son assistante, lui apportait des catalogues d'exposition, des magazines, *Paris Match, Gala*, *Point de Vue*, *Vogue*. Il regardait. Il critiquait. Il traitait tel couturier de « monstre », tel autre de « fou ». On le trouvait démodé. Il était juste celui qu'il n'avait cessé d'être, un anarchiste si épris d'ordre qu'il n'en supportait pas la parodie. Privé de tout sauf de cette rage que n'embrumaient jamais complètement les somnifères et les antidépresseurs.

Quelque chose en lui le rongeait, cette époque dont il n'était plus l'acteur, mais le spectateur ultralucide, tout aussi violent avec la mode qu'avec lui-même, la tête au diable, au fond du trou de sa vie.

Les « nouveaux » couturiers venaient d'Istanbul ou de Beyrouth, affirmaient trouver leur inspiration « en voyageant, en regardant des œuvres d'art ou des tableaux de maîtres » ou tout simplement « en discutant avec leurs amis ». Des centaines d'ouvrières travaillaient pour réaliser des robes présentées en janvier et en juillet, à Paris. Les broderies étaient réalisées en Inde, les retouches à Paris. Ils aimaient être présents sur les *red carpets* du monde, habillaient Beyoncé Knowles, Eva Longoria, Paris Hilton, Whitney Houston, Christina Aguilera, Nicollette Sheridan. Pour les agences parisiennes, la bataille commençait quelques semaines avant le défilé. Envoyer le *save the date*, proposer des interviews, et surtout « targetter Cannes ». Les cartes du jeu avaient changé, les nouvelles reines, c'étaient les stylistes des stars, beaucoup d'Américaines, comme la très blonde Rachel Zoe. Courtisée par les marques, elle avait son propre *reality show*, on la voyait s'extasier en direct, au milieu de centaines de robes : « *I'm dying !* » Quelque chose avait basculé. On était loin, très loin, de l'époque où *Paris Match* annonçait en avant-première la robe dessinée pour Catherine Deneuve par Yves Saint Laurent pour la montée des marches. Le secret bien gardé rappelait celui qui entoure encore les préparatifs de la mariée.

On redoutait le jour où le rideau tomberait définitivement. « C'est à travers la création qu'il se désinhibait. Arrêter la haute couture, c'était à la fois un soulagement et un suicide. Il savait qu'il avait signé son arrêt de mort », confie un intime. « On continuera à vous étonner. Qui sait ? Mademoiselle Chanel a bien recommencé à soixante et onze ans. » C'est ce qu'il m'avait dit, en janvier 2002. Le château de l'avenue Marceau se tenait en retrait du triangle d'or. Dans un salon situé à droite de l'accueil, des broches de cristal de roche et des colliers de corail se lovaient sur de fines étoles de pashmina aux couleurs de pierres précieuses. C'était la boutique « couture ». Des cadeaux partaient dans une camionnette noire pour être livrés à des dames de la République. Monsieur Jean-Pierre essayait une veste sur Catherine Deneuve. L'atmosphère était bon enfant. L'héroïne de *Belle de Jour* parlait de ses poules, mangées par des renards.

J'ai vu Yves Saint Laurent pour la dernière fois le 15 mai 2007, lors du vernissage de l'exposition consacrée à Nan Kempner, à la Fondation Pierre Bergé-Yves Saint Laurent. Lui qui n'avait jamais voté de sa vie, avait trouvé le moyen de se faire faire une carte d'électeur pour voter Sarkozy aux présidentielles. En juin 2006, il était allé applaudir Robbie Williams au Parc des Princes, se glissant parmi les fans pour écouter le héros d'*Escapology* et d'*Intensive Care*. Le bad boy britannique n'avait pas encore sorti son dernier opus, *Reality Killed the Video Star*... Un mois plus tôt, Yves Saint Laurent admirait au Zénith les déhanchés langoureux et la voix suave de Ricky Martin, ce chanteur portoricain dont il adorait l'allure très latin lover. Il portait des chemises italiennes, il s'était acheté des duffle-coats de toutes les couleurs. Il aimait dîner au Relais, au Mathis et manger des glaces à la Closerie des Lilas. Il donnait de généreux pourboires aux serveurs, quelques billets de cent euros froissés dans ses longues mains. Il continuait à parler en anciens francs. C'était un prince sans cour qui, à table, donnait en douce du caviar à son bouledogue français. « Moujik, mon fils, tu es mon roi ! » La terre était sèche sous ses pas. A Tanger, la villa Mabrouka (la villa de la chance), qu'il s'était offerte avec Pierre Bergé en 1998, restait vide. Plusieurs jardiniers entretenaient le jardin perché au-dessus de la mer, les cinq chambres avaient vue sur le détroit de Gibraltar. En dix ans, il n'y était venu que huit fois, toujours en août, pour échapper au ciel plombé de la Normandie à la fin de l'été. Mais Tanger n'était pas aussi accueillante que Marrakech aux remparts protecteurs.

Yves Saint Laurent ressemblait déjà à un revenant, tout en lui était un autre, rien pourtant ne semblait avoir changé, fidèle à celui qu'Hector Bianciotti – qui l'avait interviewé en 1986 – avait décrit en 2002 : « Derrière ses lunettes, un regard perplexe ; dans ses manières, la politesse extrême de celui qui reste là, devant vous, par devoir, mais dégageant un sentiment d'une infinie solitude, que rendait pour ainsi dire monacale la nudité de la pièce[1]. »

Yves Saint Laurent vous tenait la main, mais il ne regardait que ses robes. « Nan n'avait pas le goût cliente, me dit-il en riant, elle osait. » Les modèles, notamment ceux de la collection « Libération », se tenaient là, avec cette assurance qui faisait défaut aux invités, courbés par l'âge, une main sur leur canne, mais le regard toujours vif et curieux. Il n'y avait qu'un seul journaliste, devenu depuis antiquaire. Dans la pénombre, les sahariennes aux boutons d'ébène semblaient dire aux visiteurs : « Redresse-toi. » Une force inouïe se dégageait de ces modèles, pareille sans doute à celle que les premiers d'atelier ressentaient lorsqu'ils « descendaient au studio » : « Un bol d'oxygène. »

Epaules d'éphèbe, cou de reine et bouche ourlée de rouge, le corps selon Yves Saint Laurent était celui de tous les possibles, corps-caméléon traversant le jour et la nuit, tantôt Eve, tantôt Adam, incarnation habillée d'Orlando, le personnage fétiche de Virginia Woolf : « Ses formes alliaient à la force d'un homme la grâce d'une femme. »

Irritabilité, somnolence, état confuso-onirique, détresse respiratoire. Les effets secondaires, il devait les collectionner en pagaille. Mais quelque chose leur résistait, cette « rage envenimée et gangrenée » si bien décrite par le marquis de Sade au Donjon de Vincennes. Je l'ai vu une seule fois en colère. Rue de Babylone, la peur avait pris le visage de la bête.

Le portrait d'Yves Saint Laurent en séquestré semble mal s'accorder avec l'image de père qu'il renvoyait aux ateliers, ce père absent qu'il n'avait jamais cessé de remplacer, et dont il semblait avoir emprunté les costumes. « Comment allez-vous, mon petit Jean ? » Il les appelait ses rois, ses reines, ses fées, ses enfants.

Sa force se mesurait à la dévotion extrême qu'il inspirait aux premiers, aux premières, comme à toutes les ouvrières. Dans ce bateau ivre du 5, avenue Marceau, bravant toutes les tempêtes, ils étaient unis par ce que le temps de la mode effaçait. A la longue, toute cette adoration semblait s'être figée dans les carrures des tailleurs – les passages « clientes » –, il le savait bien, mais il s'y collait, par discipline, par devoir envers elles, par fidélité au métier, à cette ligne d'épaules détendue au fer, infailliblement Saint Laurent, par toute cette histoire dont il était la somme et l'achèvement. Puis le crépuscule s'enroulait de satin, pour que surgissent, apaisés, libres, les drapés « coup de crayon » de Madame Colette ou de Madame Georgette, comme les dernières caresses d'un amant qui s'enfuit avec l'aube.

Yves Saint Laurent n'aimait pas les peaux trop fines. Il préférait, à tous les touchers glissants, la croûte de cuir. Celle qu'il fallait mater, à l'image du Harris Tweed ou du grain de poudre. Le tissu, c'était son diamant brut. Comme on taille une pierre pour en faire jaillir la lumière, il destinait à chaque étoffe le meilleur rôle, fourreau ou cape de grand soir, capable de sublimer la fluidité d'un satin lapis ou le craquant d'une faille couleur de soleil. En face de son studio, des rouleaux de tissu attendaient d'être vus, touchés, caressés. De leur apparition viendrait, ou pas, la révélation. Cette « stupéfiante élégance » dont me parla un jour Edmonde Charles-Roux à propos d'Yves Saint Laurent, tenait à ce sens-là, le sens premier, celui du tissu, une histoire d'aplomb, de tombé, de gestes. « Il nous poussait à nous surpasser. Il nous lançait des défis. Monsieur m'avait montré une photo de Lauren Bacall en tailleur pied-de-poule. Il m'avait dit : "Jean-Pierre, il faudrait retrouver cet esprit, ce mouvement..." On ne pouvait pas copier, c'était impossible. Tout était dans la tête. Il fallait imaginer... »

Autour de lui, l'infirmier avait été remplacé par l'ami qui allait s'imposer comme un véritable ange gardien, Philippe Mugnier, qui l'emmena au théâtre de l'Odéon, au palais Garnier, ou à l'Opéra-Bastille, fit tout pour desserrer les chaînes de cette solitude, ne cherchant jamais à les briser, car il en connaissait la valeur non négociable. Fin 2007, on fit ouvrir pour Yves Saint Laurent le château de Versailles, afin qu'il puisse admirer, seul, la profusion de lustres, torches et candélabres en argent de la cour du Roi-Soleil, tous ces trésors dont Louis XIV devait ordonner la fonte, en 1689, financement de la guerre oblige. De la même manière, c'est un jour de fermeture officielle qu'Yves Saint Laurent se rendit au Grand Palais, où il visita, en mars 2008, l'exposition consacrée à Marie-Antoinette. Ultimes fantasmes d'un collectionneur ? Etre seul à posséder une vision ?

A un moment, j'ai su qu'Yves Saint Laurent ne portait plus que des polos un peu lâches ; son corps de plus de cent kilos ne le soutenait plus. D'un tissu on aurait dit qu'il boulochait, qu'il s'effilochait, qu'il n'avait plus de tenue. Ce corps christique exhibé à trente-trois ans dans l'objectif de Jeanloup Sieff, ce grand corps malade, plein de fêlures et de douleur, semblait abriter la somme des effets indésirables, inventoriée dans l'édition du dictionnaire Vidal, la bible rouge et or de mes parents. Deux épaules cassées, il ne pouvait plus serrer la main, ni manger seul. Vertiges, maux de tête. Cancer. Les dames à chien du Champ-de-Mars se souviennent l'avoir vu pour la dernière fois au cours de l'hiver 2007, sur sa chaise roulante, avec Moujik : « Il était comme dilaté. Il n'avait pas l'air bien. Son visage pendait. » Un jour, il s'est arrêté de parler. Avant de fermer les yeux pour toujours.

Je l'imaginais comme un pape peint par Bacon aux traits révulsés sur son trône roulant, rempli de tous les médicaments du monde, certains disent jusqu'à cent par jour. Bacon, c'était son dernier regret de collectionneur, avec Rothko. Plus Yves Saint Laurent se figeait dans l'absence et plus sa présence gagnait en intensité, enrichie par les silences, les plaies qu'il révélait, au cœur de ce Paris groggy. Une capitale qui n'avait plus la force d'être elle-même, dépourvue du punch des *it cities* nommées Bombay, Shanghai, ou Dubaï, métropoles des instants futurs, muscles d'acier, silhouettes arcboutées sur un gigantesque tapis Technogym.

Les années 2000 ressemblaient à une ardoise magique globale. On mangeait des raisins du

Chili en décembre et le beaujolais nouveau n'était pas arrivé qu'on le buvait déjà à la paille à Capetown ou Singapour. La mode s'était fractionnée en une somme effarante de caprices et d'occupations qu'il avait bien fallu trouver à tous ces gens qui ne faisaient plus l'amour. Yves Saint Laurent avait habillé l'ambiguïté, le double je, héritage du temps où le luxe était d'être de tous les sexes, de toutes les aventures. En 1992, un spot publicitaire pour le Soin Précurseur de Beauté YSL, filmé par Jean-Baptiste Mondino, mettait en scène Catherine Deneuve. Un vrai-faux journaliste lui demandait : « Avez-vous déjà été tentée par le suicide ? » Elle répondait : « Oui, le dimanche après-midi, un peu trop tôt… » Quinze ans plus tard, quel chef de pub aurait laissé un mot si tabou figurer dans un *brief* ? Les stars affichaient un sourire éternel, la peau plus lisse qu'un écran tactile. Leur amant, c'était Photoshop. On ne disait plus antirides, mais antiâge, le marché le plus prometteur de la cosmétique. Le luxe désormais, c'était de ne jamais s'écrouler. Les nouveaux managers le prouvaient un peu plus chaque jour.

Le duo Pierre Bergé-Yves Saint Laurent était d'abord lié à une histoire, la leur. Passionnelle avant tout. Complètement en dehors de tous les principes de la réussite enseignés dans les écoles de commerce. Autant le dire, un cauchemar pour les nouveaux gestionnaires du luxe, débarqués avec leur idéal dans ce triangle d'or où chacun était un serpent pour l'autre. « Les vraies *success stories* ont été menées par des binômes », reconnaissait une personnalité anonyme, citant en « modèle » Yves Saint Laurent et Pierre Bergé. « Désormais on recherche des schizophrènes, des gens qui sauraient être à la fois perceptifs, branchés, sensibles, qui auraient quelque chose de très subjectif à proposer et en même temps des gestionnaires carrés, des pros du marketing. Bref, capables de faire le pont entre le cerveau droit et le cerveau gauche de manière très fluide. Physiologiquement, les femmes font ça mieux que les hommes… et bizarrement il n'y a pas que des femmes aux postes de direction… »

Les nouveaux managers du luxe avaient été *chassés* par des as du recrutement, ils avaient des voitures de fonction et des stock-options. Les cabinets comme Heidrick & Struggles, Martens & Heads, Russel Reynolds, Egon Zehnder répondaient aux nouvelles exigences du marché : en dix ans, les objectifs annuels de rentabilité étaient passés de 10 à 18 %. Ayant fait leurs armes chez des géants de la grande *distri*, toute une armée de super-commerciaux travaillaient la notoriété de la marque sans relâche, ce qui supposait un effort de *repositionnement constant*. Leur mission : relever le *challenge*. Ils avaient un 4X4 et des écharpes en cachemire couleur de sorbet, plusieurs cellulaires dont l'un exclusivement réservé aux appels de la maîtresse qu'ils calaient dans leur emploi du temps en prétextant « un *shooting* interminable ». L'égérie de la marque avait été victime d'une *panic attack*, ou avait exigé qu'on change de maquilleur. Eux, le stress, ils le géraient au quotidien, deux heures en moyenne de transport entre la banlieue sud et Paris centre. Des consultants les poussaient en permanence à relever le niveau *aspirationnel* de leurs produits. Ils parlaient de désirabilité et d'*icônes référents*, ils arrivaient de chez

Procter ou Disney, ils ne comprenaient pas pourquoi les mannequins ne souriaient pas sur le podium. Puis ils avaient appris à ne plus dire « bon appétit », ne mangeaient plus de viande rouge et commençaient à s'habiller en noir ou en beige, leur entourage les soupçonnait d'avoir viré de bord. Ils pilotaient à vue. Le dimanche, ils affrontaient les scènes de leur épouse, et le mépris de leurs enfants. Le plus dur, sans doute, c'était ce neveu altermondialo-gréviste à la fac, qui, dans un rot de Mecca Cola, leur lançait : « La mode, c'est nul, c'est de droite… » Parfois, ils craquaient. *Burn out.*

On était loin, très loin de ce couple qui, en quarante ans, avait réussi à imposer à toute la gauche que le luxe était une forme d'humanisme. Yves Saint Laurent qui, selon le journaliste Frédéric Edelmann, avait fait le lien entre les « hommes du jour et les hommes de la nuit », faisait partie des exceptions culturelles. D'un coup de griffe, le couturier avait su attirer les femmes les plus frivoles et les intellectuels les plus sectaires. Même les antilibéraux du Ve et du XIVe arrondissement parisien admettaient qu'Yves Saint Laurent, dont les créations étaient réservées aux femmes « aisées », avait une dimension universelle, au-dessus de tout soupçon. Mais l'élite ne se reconnaissait plus dans la caste formée par le petit monde blindé, friqué et décidément trop *bling* de la mode.

Jamais la mode n'avait été autant à la mode. Des voitures aux pains spéciaux, des chiens aux desserts servis en verrines, tout était *trendy* et pourtant, jamais le clan des directeurs artistiques, agents, rédactrices, photographes, n'avait autant verrouillé son territoire. A force de fréquenter les stars, *ils* étaient irritables, intolérants, friables, toujours pressés, bourrés de tics et d'exigences. *Ils* avaient leur langage, leurs codes, leurs obsessions. Le pouvoir de chacun s'exerçait dans le contrôle permanent de l'image. La voie ouverte par Tom Ford – le premier à avoir codifié l'allure des serveurs, choisis minces, sans barbe et sans moustache, avec plateaux noirs assortis à leur chemise – s'enlisait dans l'hystérie. La maison Yves Saint Laurent avait habitué les journalistes à des « non ». Non pour une interview, non pour une photo. Mais rien de ce qui concernait la mode n'était sujet à veto. Dans certaines maisons en vogue, le créateur star aimait voir son portrait dans les magazines, le bureau de presse demandait le nombre de pages avant de donner une réponse, s'il n'imposait pas son photographe, le créateur exigeait de voir les photos, de les retoucher au besoin. Mais la porte se refermait le jour du défilé. Il n'était pas rare de voir, le jour J, des photographes de presse, pourtant accrédités, interdits d'accès bonnement et simplement. « La salle est trop petite. On a des consignes. » Officiellement, on redoutait les copieurs, les frelons. Ces expulsions arbitraires prenaient soudainement des airs de reconduction à la frontière. Pendant ce temps, à l'intérieur, les ripoux du téléobjectif prenaient place face au podium – certains marquant leur territoire par une croix à la craie sur le sol. Ils avaient connu l'ère des vaches grasses, au temps où ils jetaient leurs rouleaux dans un sac pour qu'un coursier les récupère à la sortie du défilé. Les clients affluaient. A l'époque, dans la cage aux fauves, on rigolait encore. C'était la belle époque. Inès de la Fressange faisait le pitre avec panache. On sifflait Eva ou Laetitia Casta, qui passaient dans des tenues un peu déshabillées. Elles souriaient. Mais depuis, bien des agences de presse avaient fermé, le numérique avait mis des laboratoires sur la paille, style.com raflait la mise. Les filles n'étaient plus que des numéros de passage. Blondes et maigres comme des brindilles de paille, arrivées en masse des pays de l'Est. Epuisées, mais vaillantes, interchangeables sur leurs talons de dix-huit centimètres. Quand l'une d'elles tombait, on supprimait le passage lors du montage vidéo. Dès le lendemain, le monde entier pouvait, sans intermédiaire, voir l'intégrale du show sur internet. L'euphorie avait cédé la place à un climat de tension, on s'insultait, on se bousculait. On se prenait régulièrement des zooms dans la tête. Derrière la façade *corporate*, la violence était palpable.

Dans les entreprises, la lutte, qu'elle soit sociale ou générationnelle, ne faisait que commencer. Dans nombre de maisons, les relations entre le studio et le marketing étaient à couteaux tirés. Chanel était un cas à part.

Rue Cambon, Karl Lagerfeld avait su habilement transformer le studio en un lieu qui tenait à la fois du salon et de la factorerie couture, où les chefs d'atelier comme les stars, les rédacteurs de *Vogue USA*, de *Visionaire*, les membres de la direction, passaient voir les modèles en avant-première. Cette atmosphère bon enfant tranchait avec celle qui prévalait souvent ailleurs. Le créateur redoutait le « sac de la saison » que le département marketing lui imposerait le jour du défilé. Pour les nouveaux managers un peu mal dégrossis, l'enfer commençait lorsqu'ils cherchaient à resserrer les liens avec l'équipe créative. Leurs méthodes ne passaient pas. On aurait dit des GI's en déroute dans les rues de Bagdad. Ils n'avaient pas les bons mots. Ils étaient raides, aussi engoncés dans leur discours type que dans le costume qu'ils s'étaient acheté, une taille en dessous de la leur, pour être un peu *hype*. Le matin, ils arrivaient, tremblants, le cou garroté d'une cravate pour le comité de direction. Ils devaient fournir des résultats. Des ventes et des parutions dans la presse. A l'intérieur même de la maison, les barrières se refermaient. Le manager assistait en direct à sa propre défaite. Le directeur artistique avait profité d'un de ses déplacements – un séminaire « Finance to win » ou « learn Excel » – pour séduire le big boss ; il organisait des visites de galerie ou d'atelier d'artiste pour l'épouse de celui-ci qui le trouvait d'ailleurs « franchement éblouissant ». Il l'avait même relookée, et appris à ne plus assortir son sac aux chaussures. Au premier rang, le jour J, elle osait même dire bonjour à Carine Roitfeld, rédactrice en chef de *Vogue* France, occupée à sourire aux photographes.

Le directeur artistique était INTOUCHABLE. Autour de lui, on avait l'impression que c'était à celui qui deviendrait le plus mignon, le plus mince, le plus venimeux, le plus caméléon – celui dont on se demandait : « Il est homo ou hétéro ? » – pour s'imposer. Les années 2000 façonnaient le prototype du *bitchy*. Alors les managers déprimaient, teigneux avec leur attachée de presse qu'ils trouvaient trop vieille. Mais de plus en plus mal à l'aise avec les « jeunes ». Ces petits crétins ignoraient qu'il se démenait pour eux : comment passer en positif avec une bande de sniffeurs encore dans les limbes à midi ? Cette autorité perdue de chef, le petit boss ne l'exercerait peut-être qu'en privé, un fouet Hermès en main, la tête cagoulée de cuir dans la chambre d'un hôtel d'autoroute, à peine plus grande qu'un *it bag*. Dans sa folle chevauchée, il penserait encore : « Le rêve doit s'ancrer sur des fondamentaux qui sont la subversion, la transgression. » Il fallait *booster* les équipes de vente, regagner la *territorialité* perdue, être dans l'axe. La mode, ce n'était pas seulement de l'image. Il fallait des résultats. Invité à s'exprimer devant des étudiants en management du luxe, il le prouverait, PowerPoint à l'appui : « L'expérience marketing, c'est ce qui rend le message *loud and clear*. Mais il faut d'abord une vision. J'ai cette chance. »

Tout se mélangeait, le temps n'était plus qu'un écran tactile où s'imprimaient des codes, des images, des signes, aussi violents qu'éphémères, on adorait le Meat Market, la taille 0, le BlackBerry, les « tombées d'épinards », le sans gluten et les massages à quatre mains ; on était fou d'art contemporain ; à

Tel-Aviv, on vous demandait si vous étiez plutôt Cabernet ou plutôt Sauvignon et à Tokyo, ce que vous pensiez de la cuisine fusion, les *socialites* de New York avaient inventé les *kids for kids celebrities* et les cours de peinture par Jeff Koons offerts en bons-cadeau aux enfants gâtés de Park Avenue ; on commentait l'irrésistible ascension de Hello Kitty, de *Benny and Babe* et de Damien Hirst ; à Paris, on applaudissait la consécration de Nicolas Ghesquière, directeur artistique de Balenciaga, parmi les cent personnes les plus influentes du monde, selon le *Time*, qui n'avait jamais accordé sa une à Yves Saint Laurent.

Tandis qu'elles s'effaçaient virtuellement, les frontières s'étaient multipliées. Yves Saint Laurent, le Parisien d'Algérie, avait été le couturier *monde*. Celui d'avant le débat sur le voile et la question de l'identité nationale. Celui d'avant tous les séismes de l'intégrisme. « J'ai tourné jusqu'au vertige avec les derviches de la Corne d'Or et volé comme un aigle avec un vieux chaman à moitié fou », écrivait-il encore. Mais les « ambassadeurs des rois guerriers » étaient désormais les talibans égorgeurs que l'Occident diabolisait.

C'est aux cris d'une nouvelle « Viva la muerte » que le monde s'était réveillé, le 11 septembre 2001, dans l'horreur. Si Yves Saint Laurent avait « dormi entre le ciel et le sable Taklamakan », et « dîné dans des palais éblouissants de capitales tribales », celles-ci affichaient les plaies ouvertes de l'effroi et des attentats suicide perpétrés à Kaboul, Kandahar ou Bagdad.

Si l'Orient continuait de couler en lui comme une fontaine de paradis, s'il était l'un des derniers, après Eugène Delacroix, Charles Baudelaire, Pierre Loti, Paul Poiret, à prolonger un rêve orientaliste, ce rêve était entaché de sang et de méfiance. Orphée et Salammbô, Marie-Madeleine, Leila, Rachel et Ysé s'étaient pendant des années retrouvées chez lui, comme des amies que les murs n'avaient pas séparées. Gandouras ou sahariennes, saris ou jupons de gitane, cafetans ou cabans, ses vêtements ancrés dans la mémoire de tous les âges, de toutes les héroïnes, de toutes les légendes, de toutes les civilisations, avançaient sur un tapis infini. Ce n'était pas le tapis rouge et balisé des festivals. C'étaient les sables du Tassili et les jardins de roses du poète Saadi, c'était la promesse renouvelée de ces femmes en quête d'apparences moins préformatées que celles de poupées russes ou de fantômes en burqa.

Son vrai dernier défilé haute couture date de juillet 2001. Soixante-dix-sept modèles, Verdi en bande-son, zibeline bargouzine, faille violette, et satin jonquille. Placées sous l'épaule, à la naissance des bras, les manches d'un fourreau de velours formaient un cœur. Elles ne grignaient pas, ne glissaient pas. « Mon secret », répondit-il à une journaliste. Derniers fastes de cour en ville avant qu'un rêve ne s'écroule, emportant avec lui les tours du World Trade Center. Et l'illusion d'un voyage illimité. Surgies d'Afrique, d'Inde, de Russie, d'Orient, d'Asie, ses couleurs avaient irrigué l'univers d'une potion magique. Elles n'étaient désormais qu'un souvenir au cœur d'un monde où le voyage signifiait dorénavant contrôles d'identité, colis suspects et zones interdites. L'ailleurs rimait avec peur. Il faudrait des années avant que ne revienne, dans le cœur des créateurs de mode, l'envie d'aller puiser à la source du monde, ces formes primordiales dont l'Occident avait perdu la trace. L'espace entre le corps et le vêtement, celui dans lequel les grands couturiers avaient toujours imprimé leur musique, s'était réduit.

C'était une voix, c'était un chœur. Avec Yves Saint Laurent, les couleurs grondaient en une symphonie de mots, de parfums, de tableaux vivants irréductibles à toute tentative de reconstitution. Ruchés de pétales géranium. Caracos de velours rubis. Blouses de mousseline lamée ou de soie camel... Il était le premier à avoir fait de trois lettres croisées, un nuancier infini de sensations. YSL, la parade des roses et le silence du noir enlacés comme les liens de ses sahariennes. Une signature, un sésame, une invitation : Paris, quand elle était encore l'effervescente capitale du monde.

La ville de ses rêves s'était transformée devant ses yeux en une cité idéale, avec quartiers rénovés, rues piétonnes et nouveaux centres commerciaux de luxe. On venait du monde entier pour visiter en famille le Louvre et Eurodisney. Depuis que la librairie Le Divan avait été détrônée par Dior, et que le Drugstore Publicis s'était métamorphosé en Emporio Armani, les éditeurs de Saint-Germain se plaignaient d'officier au milieu « des boutiques de fringues ». De chaque côté de la Seine, l'industrie du shopping dupliquerait ses adresses en série. Place Saint-Sulpice, l'enseigne Yves Saint Laurent Rive Gauche pour homme serait bientôt remplacée par la façade blanche du Comptoir des Cotonniers.

Rue Stora, la maison de son enfance était devenue un entrepôt frigorifique. D'Oran, sa ville natale, Yves Saint Laurent avait apporté tous les feux d'artifice des cinémas aux frontons néo-classiques, des kermesses joyeuses arrosées de citronnades ; les filles y voltigeaient comme des Carmen devant les soldats aux tempes lustrées de brillantine. Tout en lui portait la trace de ces garçons au front fier, qu'il avait parés de costumes de velours aux couleurs de chocolat malté. « Née d'un besoin de séduire, Oran, c'était d'abord le chiqué.

On l'appelait la Ville américaine, et toutes les fantaisies du monde seyaient à ses états d'âme. Debout sur sa falaise, elle regardait la mer, faussement languissante, rappelant une belle captive guettant de sa tour son prince charmant[2]. »

Yves Saint Laurent avait rendu aux femmes du monde leur destin d'aventurières. Les silhouettes YSL étaient les gardiennes du jour et de la nuit, elles vous suivaient partout, dans toutes les villes, sur tous les panneaux de tendances, comme des fétiches. Des tics. Des trucs. Des ceintures aux anneaux de bronze. Une manière de nouer un trench. Une façon de faire claquer un rouge sur un orange. *Yves Saint Laurent forever.* Ni futuriste, ni *vintage.* Juste là, comme un sorcier. La vérité l'avait tué, elle ne cesserait de le chahuter.

Voyageur immobile, c'est à Oran, puis à Marrakech, qu'il avait rempli sa valise de fantaisie et de couleurs. A treize ans, il s'était dessiné entouré de femmes nues. Elles avaient toutes voulu, à un moment de leur vie, quelque chose d'Yves Saint Laurent. Certaines avaient gardé tous ses « Love », ces posters de vœux. Il était celui qui avait habillé toutes les femmes, les rondes, les minces. « Du 34 au 44, toutes les tailles étaient belles », se souvient Loulou de la Falaise à propos des collections « Rive Gauche ». Désormais une femme trop ronde n'osait plus se hasarder dans une boutique de mode. Elle risquait d'y être humiliée par la vendeuse, clone de la cliente type, ou de la créatrice de la marque. Mince, avec un *top*, une veste longue et des *leggings* sur talons stalactites. D'ailleurs tout était top. Tout le monde était top. C'était trop bien. Le monde était un *supermodel* qui se laissait photographier sous toutes les coutures. Il n'y avait plus de zones d'ombre, cela ne faisait pas un pli.

L'heure n'était plus aux messes basses. Il y avait partout des caméras, des webcams. Les cuisines des chefs ressemblaient à des aquariums où officiaient des hommes mi-poissons mi-anges qui inventaient des desserts cubistes et régalaient les *happy few* de sushis au foie gras. On ne disait plus « bon appétit », mais « bonne dégustation ». Un dîner dans un grand restaurant se préparait comme un voyage organisé. On connaissait à l'avance le nom des plats. Les « pros » n'avaient plus de secret pour personne. Des milliers d'internautes laissaient des commentaires sur leur « profil ». Ils étaient entourés, entraînés comme des sportifs ; *boostés*, opérationnels, adéquats. L'accessibilité était une valeur en hausse. Dans la mode, on ne parlait que de « secondes lignes », de bijoux « access » et de modèles « petits prix ». Les stars s'étaient trop confessées, maintenant, elles distillaient leur vie privée toutes les semaines dans la presse people. Clignoter pour ne pas finir dans l'ombre. Telle était leur addiction.

« J'ai habillé le monde et il va nu », se plaignait Chanel. Yves Saint Laurent, qui n'avait qu'un regret, « ne pas avoir inventé le jean », avait créé un style, dont « Rive Gauche » – jamais vraiment présent dans les rétrospectives – était l'abécédaire. Cabans, sahariennes, trenches, *see-through blouses* sous des costumes d'homme, laçages, cloutages, robes paysannes avec des bottes, robes gitanes… De Paris à New York, de saison en saison, son ombre le rattrapait. Entre hommages sincères et parodies, il y avait toujours un peu de Saint

Laurent dans les défilés. A l'image de Jackie Kennedy fixant le modèle des nouvelles dames de la République, Yves Saint Laurent faisait figure de référence. L'épreuve pour un styliste en quête de légitimité, n'était-ce pas de poser nu ?

Mais aurait-on imaginé Yves Saint Laurent dialoguer en *live* avec ses fans sur son site ? Les femmes russes auxquelles il avait conseillé un jour de mettre « un manteau d'homme, une jupe noire et un sweater noir », n'étaient plus les mêmes. Elles avaient changé de pays, de vie, de tout. Elles n'emballaient plus des harengs frais dans la *Pravda*, elles avaient déserté les étals des marchés gelés, et épousé des princes charmants, qui dévalisaient pour elles les *duty free shops* Gucci et Versace de la planète. Elles aimaient Dubaï, le champagne rosé et les marques de luxe. Avec elles, le pouvoir et le sexe ne faisaient qu'un, ce qu'avait compris avant tous les autres Tom Ford et tous les coiffeurs de la terre. Elles n'étaient jamais assez blondes. Oui, Yves Saint Laurent se résumait pour elles davantage au sac *Muse* et aux souliers *Tribute* qu'aux babouchkas en jupe paysanne et bottes de cuir.

« Le problème en France, c'est que vous avez trop de bureaucratie », me dit un jour l'une de ces nouvelles amazones. Nous étions un vieux pays, avec des vieilles valeurs, des épiceries fermées à l'heure du déjeuner, des serveurs beaux et maladroits, et d'autres, vieux et méchants, furieux de servir du Coca Zero avec la langouste Thermidor, des vendeuses coincées qui n'acceptaient pas les billets de cinq cents euros. Ces nouvelles femmes étaient pressées. L'idée d'aller dans une maison de couture où elles auraient été à peine reçues, puis obligées d'attendre des semaines entre les essayages, semblait déjà complètement anachronique.

Elles aimaient tout ce qui leur collait à la peau, elles n'avaient pas besoin d'être aidées, un vêtement était fait pour être désiré, porté, arraché, jeté. C'était une arme qui s'autodétruisait dans la minute où elles l'avaient enlevé. La peur de manquer les trahissait parfois, là, dans l'un de ces paradis cinq-étoiles, où l'on pouvait apercevoir un certain type de blonde diriger une poussette Ferrari encombrée de sacs de plage et de jouets en plastique *made in China*. Elles peinaient sur leurs mules cloutées. Une image se détachait d'elles : leur grand-mère poussant la charrette sous la neige. Des babas lointaines, enfouies sous les châles dont ces richissimes et sculpturales beautés recouvraient désormais les coussins de leur datcha.

L'argent avait changé de mains, le corps avait suivi. Le vingt et unième siècle, on y était entré comme dans son *slim* : en rentrant son ventre. Doté de puissantes antennes, branché vingt-quatre heures sur vingt-quatre sur tout ce qui bougeait, du rock à l'art contemporain, de Berlin à Tokyo, en passant par New York et Londres, Karl Lagerfeld avait négocié son virage : en perdant quarante-deux kilos. A l'influence qu'il exerçait en Europe faisait écho celle d'Anna Wintour aux Etats-Unis, dont la silhouette-étui, les lunettes noires, la frange parfaite, firent d'elle l'héroïne d'un roman à succès, *Le Diable s'habille en Prada*[3]. Gainée dans ses tailleurs Chanel, la directrice du *Vogue USA* régnait sur l'empire de la mode. Lors de la campagne électorale des présidentielles, le bruit se répandrait : beaucoup la voyaient déjà comme l'ambassadrice d'Obama à Paris. Avec treize millions d'exemplaires diffusés, on disait qu'elle était la femme la plus puissante des Etats-Unis. Elle fut la première à lancer la mode des *celebrities* en *cover*, à magnifier l'esthétique triomphante de la retouche photographique, avec des filles sublimes, souriantes, consommantes, gardiennes de tous les fantasmes de l'Amérique dopée par l'illusion d'une prospérité sans fin.

Les relations avec la maison Saint Laurent avaient été houleuses. On avait vu à plusieurs reprises Anna Wintour repartir pour New York, avant le défilé d'Yves Saint Laurent qui clôturait la semaine de la haute couture. Pendant les *standing ovations*, certains se souvenaient l'avoir vue rester assise. L'affront suprême.

« Yves a refusé de plier, il ne voulait pas jouer le jeu », devait me confirmer Loulou de la Falaise. Mais c'était sans compter la suite, cette sécheresse avec laquelle Anna Wintour s'adressa à Stefano Pilati, le directeur artistique d'Yves Saint Laurent. Alors qu'il lui présentait à New York, en avant-première, les modèles de prêt-à-porter de l'automne-hiver 2008, elle le trancha, à vif : « Stefano, je ne vois pas vraiment de robes de cocktail. Sont-elles en pièces détachées ? » Ou encore : « Vous ne faites pas de couleurs, Stefano ? » Il répondit : « Si, du vert émeraude, du bleu marine, vous savez, je n'aime pas beaucoup les couleurs en hiver. Je préfère les nouveaux noirs[4]... » Un air glacial souffla dans le studio surchauffé. De ces quelques minutes dépendait le jugement suprême. Le *yes* ou le *no* des acheteurs de grands magasins américains sur lesquels Anna Wintour exerçait sa puissance.

On était loin, très loin de la rue de Babylone, cette antre absolue où Yves Saint Laurent, vivait, avec pour complice destructrice, la dépression.

Soumis à une nouvelle forme de pression psychologique et financière, les créateurs de mode étaient de plus en plus exposés. Ils devaient savoir se vendre à tout moment, incarner positivement la mode dont ils étaient les ambassadeurs. Certains bénéficiaient d'un statut particulier. A eux seuls revenait le privilège exténuant de « distraire » un public rongé par les démons du néo-puritanisme. Intoxiqués d'images, ils étaient malgré eux enchaînés à ces effets, machinistes d'une nouvelle comédie Belle Epoque dans laquelle la presse anglo-saxonne projetait les images canaille et french cancan prohibées dans une bonne partie du monde. Comme la soupe à l'oignon, les clichés étaient toujours fumants. « Paris sera toujours Paris ! » C'est ainsi qu'après trois bonnes heures de maquillage, les mannequins apparaissaient sur les podiums, tantôt furies de bastringue, tantôt cocottes aux yeux charbonneux. Les accoutrements étaient photogéniques, et donc bienvenus : ils divertissaient les Américaines de leur inquiétude saisonnière : « *What shall I wear* ? » Pendant que le monde s'habillait chez Gap, H&M ou Zara, Paris triomphait en bateleuse de sa propre histoire, un peu plus déconnectée du monde chaque jour, mais parée pour le grand jeu. Sofia Coppola viendrait tourner à Versailles son film *Marie Antoinette*, les musées se multipliaient, le prix du café au Flore augmentait, on avait juste peur des banlieues et de la racaille, les taxis râlaient, la semaine des collections arrivait, le *trafic* dans les boutiques reprenait, les vendeuses disaient « je vous laisse faire votre code », parfois une richissime cliente s'énervait, l'une d'elles avait jeté dans le caniveau la carte de crédit dont elle avait oublié le sésame, bien sûr, parmi les acheteurs, il y avait plein de copieurs, mais l'argent rentrait, et c'était aussi joyeux que l'arrivée d'une troupe de saltimbanques dans une ville de province. « J'ai appris à voir la France dans les yeux des Chinois, des Indiens, des Américains, et nous comme une vieille épouse », soufflait Alexandre Allard, repreneur du Royal Monceau, où une *demolition party* allait être organisée avant la rénovation complète du palace, avec *curator* d'art contemporain, spa chauffé à l'énergie solaire, limousines à moteur hybride. « L'extrême luxe peut sauver la France. Tout ce que la mondialisation nous a pris, on va le reprendre aux milliardaires qui vont le dépenser ici… »

Le public des défilés s'était professionnalisé. Le rythme était intense, la compétition faisait rage entre les maisons. « Ils ont une heure et demie de retard, on récupère des mannequins qu'il faut doucher, tellement ils les ont tartinées... » Conduites par leur chauffeur, les jeunes rédactrices des magazines « importants » se voyaient mitraillées par des photographes japonais, chinois, qui leur demandaient tous les détails de leur tenue : « Ma jupe ? Miu Miu. Mes chaussures ? Pierre Hardy. Ma veste ? Comme des Garçons *vintage.* » Les plus démunis se débrouillaient comme ils pouvaient, sautant d'un bus de la Chambre syndicale dans une rame de métro. Sans se parler, les jeunes aficionados *free lance* côtoyaient des femmes plus âgées, souvent en noir, qui avaient toujours « un projet » et se demandaient dans quel showroom elles déjeuneraient à l'œil. C'était la mode. On ne la lâchait jamais avant qu'elle ne vous lâche. Aux deux collections annuelles s'ajoutaient « la pré-coll », la croisière, les collections « capsules ». Le marché était avide de nouveautés. La presse voulait photographier l'été en hiver. Exigeait des exclus (exclusivités). Des *previews.* Des créations spéciales. Il fallait tenir, retenir, coûte que coûte. Les créateurs étaient devenus des animateurs, la mode vivait à l'heure de l'*entertainment*, d'un *reality show* en boucle.

Synonyme de fête, d'opulence et de décadence, le temps Saint Laurent se consumait devant nous. La poudre mondaine avait pris la poudre d'escampette. La cocaïne était devenue une nouvelle forme de dopage. « Le lundi à New York, le mercredi à Tokyo, le vendredi à Londres, je ne pouvais pas faire autrement », assure un mannequin qui se souvient qu'un jour, cinq personnes durent la tirer de son lit. Elle ne pouvait plus bouger. La limousine l'attendait en bas. La *fashion jungle* se découvrait, irrespirable, étouffant à l'intérieur d'un marché dans lequel moins de quinze mannequins, et pas plus de vingt photographes, assuraient 90 % de la production d'images. L'ambiance était électrique. *Ils* ne pouvaient pas rester attablés plus de dix minutes, on ne savait pas pourquoi. *Ils* demandaient du thé *matcha* dans un bar-tabac. *Ils* vous regardaient avec mépris, lorsque vous aviez oublié des notions de base. Parlé du Coca Light de Karl, alors que Karl ne buvait *que* du Pepsi Max.

Confondu le *Downtown* et le *Muse*, Daria et Natalia. *Ils* ne supportaient plus de s'entendre dire : « Alors cette saison, elles sont encore plus maigres, les mannequins… Regarde-moi ça, comme elle tricote du genou celle-là… », ou encore : « Mais dis-moi, ce truc-là, ça coûte une blinde, c'est honteux, qui peut s'acheter ça ? » Les ploucs s'habillaient en soldes, eux *ils* étaient au-dessus de tout, du monde, des saisons, de l'actualité dont ils se fichaient, plus préoccupés de savoir où trouver les bonbons Altoids exigés par Steven Meisel pour un shooting, que par les nouvelles du jour. Le 11 Septembre, comme le jour du tsunami, des services de presse avouaient avoir reçu des demandes *urgentes* de shopping. En pleine bataille du CPE, une rédactrice pouvait impunément lancer : « Tu sais, moi, je suis très loin de ça », mais ADORER, comme cette critique d'art, le look des sans-abri, qui avaient construit un igloo de carton sous un pont. « C'était génial. On aurait dit une installation. » Leur métier, c'était la séduction.

Il fallait affirmer très vite sa personnalité, montrer qu'on n'était pas qu'un simple numéro, le luxe l'exigeait. Les jeunes photographes présentaient des books de plus en plus *genreux*, avec images si retouchées qu'on ne savait plus trop ce qu'ils étaient réellement capables de produire sans numérique et sans ce filtre « Fluidité » (Photoshop), qui permettait d'un coup de palette graphique de passer d'une taille 40 à une taille 36. La technique l'emportait sur le point de vue. La seule loi, c'était celle du client. A Art Basel, Steven Meisel avait vendu des tirages de la campagne publicitaire Versace à prix d'or. On ne parlait que de *big pictures* et de grands formats. L'*exé* n'était jamais assez *léchée*. On se voyait déjà au sommet de l'affiche. D'en bas, tout semblait tellement haut que les jeunes chercheurs d'emploi disaient « vos équipes » pour « votre équipe ». Dans les lettres de candidature, les plus motivés proposaient « d'apporter leur savoir-faire » pour « incarner avec audace votre structure ». Ils ne parlaient pas de « magazine », mais de « support de communication » et de marques à « travailler en rédactionnel ». Une aspirante rédactrice se voyait déjà comme une « force de propositions », capable de

« conforter un relationnel ». On « construisait » comme on pouvait un carnet d'adresses. En « réseautant », en obtenant les numéros de portable des rédactrices en chef, la date de leur anniversaire et celle de leur chien, sans oublier leur taille de soutien-gorge.

La maison de couture Yves Saint Laurent avait employé des gens, parfois à vie. On y avait parfois confondu fidélité et immobilisme. La structure paternaliste aidant, on y avait quasiment toujours ignoré les CDD. La maison s'était agrandie, puis elle avait rétréci, aristocratiquement à contre-courant des modes et d'un marché du travail en proie à la précarité. En dehors du sanctuaire, bien des idéaux s'étaient brisés. Je repense à Corinne A., à son accent méridional trop vite estompé par la désillusion parisienne. Elle n'avait pas vingt-cinq ans, mais semblait en avoir passé autant à regarder l'heure. Arrivée à Paris après son bac, elle avait fait le deuil très jeune de tout ce qui lui rappelait son Midi natal et ses rêves étoilés de ville couture. Tirés en arrière comme ceux d'une danseuse, ses cheveux blonds auréolaient un teint de porcelaine, que prolongeait une silhouette de biche. Même en jean, on avait l'impression qu'elle portait un justaucorps. Ses pulls serrés moulaient deux petits seins hauts et fermes. C'était un peu la Diane de Poitiers du 9.4, une sorte de reine blanche dont le port de tête altier tranchait avec ses expressions : « Il vient *sur* Paris. » « Pouvez-vous la rappeler ? Elle est en pause déjeuner. » Elle avait vite abandonné ses jeans neige et adopté, par sécurité, un sac Vanessa Bruno. Dans le bus 166 qui la menait de Gennevilliers à la station de métro Porte de Clignancourt, où elle s'engouffrait chaque matin, la lumière s'était comme voilée, assombrie par les déceptions sentimentales et les ratages professionnels. Assistante *retail* chez Baby Dior, puis attachée de presse junior dans un bureau de presse où toutes les filles avaient une particule et des serre-tête, elle avait multiplié des expériences sans ambition : relevé journalier des chiffres d'affaires de la veille pour envoi de statistiques produits aux ateliers, réassort, gestion des livraisons produits, organisation du stock, ouverture et fermeture de caisse, mise en place de stratégies de vente avec les responsables rayons (8 Jours or, soldes…). Là, le quotidien ressemblait à une robe déchirée, de celles que les rédactrices de mode vous rendaient dans un sac-poubelle, après un *shooting* dans une île lointaine, où le photographe avait cru bon immerger le mannequin dans l'océan Indien parce que la *new face* avait des hanches trop larges. La robe, un proto de la collection *cruise*, était revenue brûlée par le sel. Le client avait exigé que le bureau de presse la lui rembourse. Corinne avait immédiatement été remerciée.

Paris, qui étincelait dans ses yeux d'enfant, n'était désormais qu'une ville de plus dans la vraie vie, avec ses zones de métro et ses Daily Monop trop chers, ses SDF en tentes Quechua et ses taxis *rouspétant après les Vélib*, une cité de moins sur la carte de ses rêves. Paris. Elle l'avait imaginée debout, radieuse, elle la vivait chaque jour, horizontale, juste éclairée par les rêves que projetaient sur la capitale ses copains d'enfance. « T'as pas une place pour le défilé Saint Laurent ? » Ils parlaient de *Stefano*, de *John*, de *Karl*, ou encore de *Stefano* et de

Domenico, comme si les deux fondateurs de la marque Dolce & Gabbana étaient des amis intimes. Ils savaient tout d'eux, connaissaient leur maison sans jamais y être allés, embarquaient virtuellement avec les stars sur leur yacht. La promiscuité médiatique avait ainsi propulsé toute une génération au cœur d'un système où la culture des marques était devenu un modèle d'identification et de faire-valoir.

Nombre de marques de luxe s'étaient ralliées aux préceptes du *mass market*. Il fallait *décloisonner l'offre produit*, ouvrir la marque aux femmes qui voulaient trouver des « robes sympas pour aller au boulot ». Comme dans le foot, l'heure était aux transferts. Des millions de dollars pesaient sur les épaules de stylistes, de plus en plus *insecure*. Tout pouvait basculer. La haute couture avait habitué les novices à ses bizutages : classer les aiguilles par taille, les nettoyer dans le talc, laver la pattemouille à l'odeur forte de laine imbibée. Mais ces humiliations faisaient partie d'un rituel. Désormais, tout semblait possible. Mécontent des vitrines, un créateur avait convoqué toute l'équipe de vente à 1 heure de matin, pour donner une leçon de *merchandising*. Une femme qui était venue avec son fils de quatre ans, pleurant et somnolent, se vit reprocher de n'avoir pas laissé sa marmaille à la maison. Certaines griffes en vogue refusaient de prêter un vêtement à une actrice ou un magazine dont l'image n'était pas assez « conforme ».

Fragiles, inquiets, trahis par leurs pupilles ou leur transpiration excessive, ils infligeaient à leur entourage un comportement agité, paranoïaque. Ils se découvraient des allergies subites, imposaient aux ateliers des essayages la nuit, insultaient des assistantes en pleurs, obligeaient des orphelins à revenir travailler le jour de l'enterrement de leur père. La direction les envoyait au vert... Ils étaient officiellement invisibles. Payés comme des stars, ils subissaient les revers les plus humiliants, parfois même de la part de leur président, trouvant dans ces *descentes* l'ultime occasion d'exercer le pouvoir qui leur échappait de toutes parts. La cause était entendue. De leurs cures de *rehab*, les créateurs se devaient de revenir amincis, détoxifiés, lissés, éco-conscients. Même Alexander McQueen lisait le *Financial Times*. Ils avaient moins d'amants que d'ostéopathes, de physiothérapeutes, d'acupuncteurs, de nutritionnistes, de sophrologues. Une coûteuse armée de professionnels du mieux-survivre leur laissait à peine le temps de « valider » la collection réalisée par le directeur du studio en cas de crise majeure, et « éditée » par une consultante ne voyageant qu'en *first*. Nombre de créateurs de mode ne dessinaient plus, il y avait des techniciens pour cela. Les assistants n'allaient plus en bibliothèque, ou dans les musées, ils *googlisaient*.

D'idéal, l'esthétique était devenue une spécialité à multiples facettes. Les anciennes clientes avaient déserté les salons lambrissés des maisons de couture pour les cliniques aux allures de galeries d'art, dans lesquelles le chirurgien exposait le plus souvent ses propres œuvres. C'est sous la peau que ces femmes trop gâtées se faisaient broder des fils d'or, attentives à entrer dans le corps des maîtresses qui leur avaient raflé époux et budget dépenses illimité à Saint-Moritz ou Saint-Barth. Peelings aux

AHA, injections de Macrolane dans les seins, elles ne juraient désormais que par le « sans bistouri », les jeans Notify et les doudounes Moncler, qu'elles semblaient avoir assorties à leurs lèvres trop repulpées. A 11 heures elles émergeaient de leur *queen size bed* pour une séance d'elliptique au Ken Club. Elles déjeunaient à l'Avenue, et la journée commençait. Elles étaient infidèles, elles n'avaient plus de couturier attitré, le shopping était avant tout compulsif, c'était désormais dans les dépôts-ventes de luxe et les soldes privées qu'elles « bouffaient » littéralement de la mode, avec l'estomac dans les talons et la peur au ventre : croiser une rivale. Une de celles qui leur avaient lancé chez Zouari, la veille : « J'adore cette coiffure. Tu es sublime, méconnaissable ! »

Comme la médecine, la mode vivait à l'heure de l'implantologie. De nouveaux métiers étaient apparus. Ambianceurs engagés pour leurs « bonnes relations avec Carine » (Roitfeld). Epilatrice de sourcils *free lance*, responsable VIP dans les maisons de prêt-à-porter, ou pédicure jet-set, ils tutoyaient les stars, ils étaient incontournables. Ils voyageaient énormément, achetaient beaucoup de magazines à l'aéroport qu'ils réglaient avec leur carte de crédit « pro ». Ils avaient tellement de miles, que c'est avec leur chien qu'ils les partageaient. A l'arrivée, personne ne les attendait, sauf un chauffeur. Il n'y avait plus de limite, plus de sanction. Les femmes furent les premières à faire les frais de cette flambée d'incompétence éclipsée par les bruits de la fête. « Si tu continues, je te claque ma dem. » Elles travaillaient le soir, le week-end. Pour s'entendre dire le lundi : « Madame a son *bad day* ? Fin de plaquette... »

Tout ce qui relevait de la chair était un peu tabou. On redoutait les défauts physiques. Le passé, c'était du gras, à l'image des bourrelets que les anciennes clientes tentaient d'effacer à coups de liposuccion et de séances de Cellu M6. Les marâtres n'avaient qu'une obsession : être de leur temps. Les voitures de maître évoquaient de vieux carrosses noirs égarés dans une cité Playmobil, où les déjeuners d'affaires commençaient par des mousses de crustacés en verrine et se finissaient avec des mini-financiers pas plus gros qu'un pouce. Les vieux n'avaient plus d'âge. On ne savait plus qui était mort, qui était vivant, qui était en voyage ou définitivement ailleurs. Dans la mode, il y avait un peu de tout. Ceux qui étaient là mais qui avaient disparu de la scène comme André Courrèges, Kenzo, ou Claude Montana. Ceux qui ne créaient plus sous leur nom, comme Jil Sander. Restaient ceux qui n'étaient plus de ce monde, mais dont on ne finissait pas d'honorer artificiellement le nom. La maison avait enfin trouvé un repreneur. Ah bon, il est mort ? On racontait qu'une rédactrice en chef était repartie, furieuse du vernissage de l'exposition Warhol : l'artiste ne s'était pas présenté. On reconnaissait certaines personnes à leur voix. Mais le plus souvent, elles n'avaient rien à dire. Un *gossip*, et elles renaissaient.

Tout gonflait de manière inquiétante, les sacs, presque obèses. Les notes de frais. Les sourires. Les seins. Tout brillait, sauf les yeux. La mode n'offrait pour rébellion que le spectacle de sa propre agonie, cette attirance un peu « gore » pour la mort qui a toujours donné aux gens les plus bêtes un air d'intelligence. A

Paris, New York, Milan, un activisme anorexique sévissait dans les premiers rangs. « Il faut que je m'assèche encore », me dit X, une rédactrice consultante croisée dans les vestiaires du Ritz Health Club. Nous étions en hiver. Elle portait des sandales à plate-forme et une minijupe Balenciaga cisaillant ses cuisses maigres et nues. Les collants, c'était pour les pauvres. Elle ne prenait pas le métro, le voiturier avait les clés de sa New Beetle climatisée. Je l'avais connue des années auparavant, alors qu'elle était encore élève d'une école religieuse, Sainte-Marie-de-Neuilly. Je cherchai en vain, un espace où elle aurait pu ranger ses doutes, ses blessures. Un regard. Un désir. Un bout de vie, de chocolat, d'amour. Elle n'avait plus faim. Quelques noisettes et un cœur de laitue chipotés au Costes constituaient sa portion alimentaire quotidienne. X ne fréquentait que ceux et celles qui lui ressemblaient, des reflets protecteurs et démultipliés d'elle-même. Le soir, elle rentrerait chez elle, dans ce grand appartement blanc bifidus qu'elle s'était offert avec ses contrats publicitaires. Elle jetterait son immense cabas sur le canapé Christian

Liaigre... Elle allumerait son Mac, s'endormirait en consultant www.style.com. C'était ce qu'on appelle une bête de mode.

Réchauffement de la Terre, pluies acides, tsunamis. Pirates de l'air et des mers, aéroports bondés. Nous vivions sous le règne de la peur, et de tous les cataclysmes redoutés.

Quelque chose était définitivement hors du temps. Le mystère d'un corps de femme dont Yves Saint Laurent avait exploré tous les secrets pendant des années, quand une silhouette ne se résumait pas à un devant et à un derrière, mais à des milliards d'atomes et de points d'accroche, que le dessin de mode réinventait chaque saison depuis le *new look* de Dior. Mais l'attrait pour l'étrange était désormais sous haute surveillance.

Dans certains prototypes, seule une enfant de moins de quatorze ans pouvait passer un bras. La mode vivait sous le joug d'un nouvel ordre moral qui refusait de dire son nom : la chasse aux gros. Ils étaient porteurs de tout ce qui déborde. C'étaient les derniers excentriques.

On comptait sur les doigts les personnalités de la mode encore « enrobées » ou dont le corps n'était pas un « argument de vente ». Curieusement c'étaient, à de rares exceptions, aussi ceux qui mettaient moins à l'honneur leur *personnal appearance*, que leur envie d'exercer leur passion, jusqu'au bout. Ils pouvaient se le permettre, ils avaient en eux un trésor : une enfance, des visions, des souvenirs, une adoration commune : le *Vogue* dont les uns et les autres s'étaient nourris, entre les années cinquante et les années quatre-vingt. Il s'agissait bien sûr des images signées Penn, Avedon, Newton, tout ce qui faisait dire à André Leon Talley : « Je suis affamé de beauté », et à Grace Coddington : « On ne partait pas en vacances, je n'avais que *Vogue*. »

Nés respectivement à Casablanca et à Tunis, Alber Elbaz (directeur artistique du prêt-à-porter Lanvin) et Azzedine Alaïa avaient été élevés dans des familles modestes. Ils étaient les derniers à considérer un repas comme une fête. Leur butin mouvant, c'était l'Afrique du Nord. C'était la Méditerranée. C'étaient ces rires, qui tintaient comme des cloches d'or dans nos têtes encombrées de spams et de codes. Ils semblaient dire : « Vous avez inventé l'horloge, nous avons inventé le temps. » Au milieu du tumulte, c'était une protection, une prière, l'arme suprême avec laquelle ils se défendaient de tout, de tous les affronts faits à leur métier. La mode était bien plus qu'une boîte à thèmes saisonniers. Quand il repartait de chez lui, avec tous ses croquis, Alber Elbaz disait qu'il n'y avait plus de place dans le taxi, car il y avait trop de femmes. Dans certains noirs, Alber Elbaz voyait du rouge. Dans d'autres, du blanc. Alber Elbaz dessinait, Azzedine Alaïa coupait. Ils étaient à leur manière restés des conteurs, le monde pouvait s'éteindre, ils savaient que leur royaume n'avait pas de limite, pas de frontière. En exilés, ils habitaient le pays des sensations. C'était une feuille et un crayon à papier bien taillé pour l'un, des ciseaux pour l'autre. En cabine, derrière le rideau, les anonymes redevenaient des souveraines. Dans l'intimité des présentations sans photographe, Alber Elbaz et Azzedine Alaïa offraient, chacun à leur manière, une conversation unique entre le corps, l'étoffe, la naissance d'une épaule, l'aplomb d'une veste, le sens d'un drapé, un fondu enchaîné de robes apparues dans un mouvement pur, une pièce de tissu sans trace d'aiguilles ni de pinces. Leur luxe, c'était leur métier qu'ils accomplissaient avec passion, loin des fêtes et du bruit, comme s'ils avaient toujours l'éternité devant eux.

De Londres à Séoul, jamais le monde n'avait compté autant d'aspirants couturiers. Il fallait réussir vite. Avoir la photo d'un people portant *sa* robe dans un magazine… La compétition était féroce. Les aînés avaient perdu du temps. On pouvait parler de génération sacrifiée. Quel est, d'Isaac Mizrahi à Marc Audibet, le styliste qui ne pensa pas, entre 1985 et 2002, « Yves Saint Laurent m'a tué » ?

Oui, il les avait anéantis. Il avait tout pris. Tout brûlé.

Il avait confisqué le soleil de l'Orient, il avait volé aux oiseaux tant redoutés leur plumage bleu-vert, il avait parcouru des palais aux péristyles dallés de marbre, il vivait en apnée, au fond des océans, dans l'antre de la lune dont il découpait des pans topaze. Il avait raflé le butin du monde, sur ses ailes bourdonnantes de chimères, il avait enroulé les sarongs et les abayas, il avait pris toutes les épices, l'ambre, les rubis et les émeraudes, les pantalons du jeune Lord Fauntleroy et les chemises lacées d'Errol Flynn dans *Captain Blood*, il avait décroché tous les ciels, bu tout l'or du soleil. Sous l'emprise de Marcel Proust, attentif à bâtir un livre à coups d'épingles, « comme une robe », Yves Saint Laurent avait créé ses collections, comme autant de chapitres d'un livre, dont le cœur de vrai-faux rubis, présent en haute couture sur ses modèles préférés depuis 1976, fut le plus éclatant marque-page.

Etait-ce le sort qu'il leur avait jeté ? Etait-ce tout simplement l'envie d'en finir avec une histoire dont ils seraient pourtant, jusqu'à la fin, les serviteurs ? Les créateurs de mode se savaient mortels.

Au mal de vivre d'Yves Saint Laurent, ils opposaient une existence à crédit et sur ordonnance. Ainsi, au vingt et unième siècle, le type de jeune homme qu'*il* aurait pu être, corrigeait sa timidité avec un *electrifying coach* trois fois par semaine, optimisait son potentiel créatif en s'astreignant à des séances régulières de power yoga. Il aimait les huiles essentielles et les fleurs de Bach, préférait le soja aux produits laitiers et affermissait ses muscles dans tous les plus beaux spas du monde. En aucun cas, il n'aurait pu devenir Yves Saint Laurent : de toute façon, ses médecins le lui auraient formellement déconseillé.

Les *folles* qui avaient fait leurs armes à Paris, dans la dévotion de Marlène Dietrich, ne pratiquaient plus le bel canto, ne gloussaient plus, effarés par le spectacle de leurs successeurs, aussi lisses qu'un dossier presse *corporate* dans un de ces cabas en cuir, dont ils ne se séparaient plus. Une nouvelle génération avait investi le septième arrondissement parisien... Ils ne s'appelaient plus « elles ». Ils ne fumaient plus, dormaient sur des oreillers anatomiques et buvaient du thé vert. Ils adoraient cuisiner en duo des recettes à la fois complexes et si simples, à base d'herbes et d'épices, dressant les filets de bar sur des lits de capucines, pour sublimer au dessert l'île flottante d'un semis de feuilles de menthe cristallisées… Ils partaient en vacances avec des couples hétéros qu'ils gâtaient de petites attentions, ils aimaient les enfants de leurs amis. Ils n'étaient pas jaloux des épouses… Ils avaient trop vu de proches disparaître, ils n'avaient plus le temps de se détruire, ils se laminaient autrement, en ne rêvant que de confort, d'aloe vera et de sécurité.

Concentrée, acérée comme une lame, puisant son énergie dans les tréfonds de l'âme européenne, la mode de l'hiver 2008-2009 déroula l'écran noir de la mélancolie. Les Américains, à commencer par la puissante équipe mode du *Vogue*, continuaient à classer les accessoires par couleur. Mais les turquoises et les roses chewing-gum ne seraient plus jamais indemnes. Parce qu'il portait le deuil du siècle, le noir de l'hiver 2008-2009 magnifiait une promesse de métamorphose. Au tumulte de l'abondance, succédait la litanie des doutes, des questions, d'une foi en quête de renaissance. Dans leurs silhouettes, les créateurs laissaient infuser l'intuition glorieuse du désastre.

A Paris, la tension était extrême. Signé Stefano Pilati, le défilé Yves Saint Laurent, organisé au Grand Palais, fut sans doute le plus radical de toute la saison. Jeux de volumes en gris et noir sous des perruques-casques façon Dark Vador. Taille ceinturée d'un trait géant qui allait devenir LA référence de la saison, et de celles à venir. En sortant, toutes les femmes eurent envie de quelque chose d'Yves Saint Laurent, elles étaient redevenues des héroïnes, néo-mutantes d'un film noir *remasterisé*. Tout se jouait là, dans ce Paris où créer des robes, c'était encore faire entendre son cœur. Satin cuir lavé, radzimir mat, chez Lanvin, les matières miroitaient dans l'ombre. Robes pulsations, tissus mouillés de larmes et plus scintillants que l'éclair. Un trench noir, des longs gants de cuir, un bracelet barbare, des bas de voile, et des escarpins noirs. La ville redevenait un lieu absolu, offert à tous les dangers de la séduction. Manches scarabées, noirs atmosphériques, cabochons de cristal. Partout, les boutons avaient disparu, on entrait dans une autre galaxie, où les découpages au laser et les drapés instantanés avaient remplacé tous les effets. Mais la beauté ne s'épanouissait qu'à l'instant précis de sa destruction.

Le 28 février 2008, à l'issue du défilé Yves Saint Laurent, on avait appris la terrible nouvelle. Le corps de Katoucha Niane, ex-mannequin vedette de Monsieur Saint Laurent, venait d'être retrouvé, dans la Seine, à la hauteur du pont du Garigliano. Elle avait disparu depuis un mois, alors qu'elle regagnait de nuit la péniche où elle vivait, située près du pont Alexandre-III. « Submersion rapide sans trace de violence. » Les premiers résultats de l'autopsie concluaient au décès par noyade. Mais un mystère planait autour de cette mort, sa famille porta plainte contre X via son avocat, Roland Dumas. Défunte, la beauté de la princesse peule semblait résister à tout. A l'excision, dont elle avait été victime à neuf ans, et contre laquelle elle luttait activement, à la souffrance, à l'eau glacée qui ne l'avait pas défigurée. Mère de trois enfants, elle avait quarante-huit ans. Elle portait en elle la grâce d'un destin, sans doute héritée de son père, l'écrivain et historien Djibril Tamsir Niane. Un charme sublimé, dès son arrivée avenue Marceau, en 1984, puis lorsqu'elle était revenue défiler à la fin des années quatre-vingt-dix. Yves Saint Laurent avait demandé à ce qu'elle fasse couper ses mèches blondes travaillées en « extensions », elle retrouva pour lui, comme elle disait, la tête « noix de coco » qu'elle détestait. « Dès l'instant où je suis rentrée dans le studio de Monsieur, j'ai compris pourquoi il m'avait demandé cela. »

« Katouch », l'appelait-on dans la maison. Je la revois, nue sous sa blouse blanche, avec ses collants de voile et ses escarpins, elle était là, attendant pour les essayages, enracinée dans cette cabine aux murs épinglés de croquis, de photos, de baisers tracés au lipstick rouge n° 19, le plus bleuté, le plus mythique. Elle avait un buste d'adolescent et des jambes interminables. Les maternités se succédaient, son corps élastique redevenait le même, encore plus élancé. Victime d'une péritonite deux jours avant la présentation de la collection « Braque », elle était revenue défiler. « Cette robe, il fallait que ce soit moi et pas une autre qui la passe. » A l'hôpital, elle avait signé une décharge. « Je ne pouvais ni me courber, ni rien. On s'est très bien occupé de moi en cabine. J'avais six habilleuses. Sur le podium, personne ne voyait que j'étais cousue. » « La douleur vient après », disait-elle encore. Katouch. Pas touche. La belle était morte, peut-être assassinée, prolongeant le drame de cette maison qui vit disparaître aussi tant de divines. Overdose, alcool, suicide, les démons jouaient à la bataille sous les lustres de cet honorable hôtel particulier Napoléon III, où l'on avait l'habitude de dire : « Les objets ne se perdent pas, ils jouent à cache-cache. » Quand quelque chose disparaissait au studio, on accrochait une paire de ciseaux à une poignée de porte. La « chose » revenait au bout de quarante-huit heures « maximum ».

Le mercredi matin, au marché de l'avenue du Président-Wilson, j'apercevais parfois Jérôme N., un ancien de la Grande Eugène. Les traits s'étaient épaissis, comme la silhouette, de plus en plus informe, chaussée de pantoufles, été comme hiver. Il n'allait nulle part, il se traînait d'un pas lent. Il finit par disparaître, clochardisé. Un comédien qui ne joue plus, c'est quelqu'un qui ne peut mettre en scène sa vie. Qui n'a pas la chance, comme les gens ordinaires, de croire qu'on peut fabriquer soi-même son audience en ayant des centaines d'amis sur Facebook.

On parlait, ici et là, de femmes qui avaient basculé, qui s'étaient enfoncées dans la solitude, après un divorce, un deuil, le départ des enfants qu'elles n'avaient pas élevés. Yves Saint Laurent avait été le commandant en chef d'une armée de *misfits* à l'adolescence mutilée, ceux qui se prirent les années soixante-dix en pleine figure, submergés par une vague de sexe, de drogue et de plaisirs interdits. Ceux pour lesquels Yves Saint Laurent était d'abord et avant tout l'ange et le démon, Christ beatnik, artificier solitaire, icône des nuits d'étoiles, de poudre et de paillettes dont le Sept et le Palace à Paris, le Studio 54 à New York, furent les repères célestes. Il avait incarné le mouvement, il était devenu la référence de la claustration mondaine. Si à chaque « Oh je ne sors plus guère… », « Je vis en reclus… », Yves Saint Laurent avait touché des royalties, il aurait fini encore plus riche que la famille royale du Qatar.

Mais le capitaine avait abandonné le navire, désormais livré aux pirates écumant les côtes du pays dont il avait été le maître. Il ne serait plus là pour serrer dans ses bras des milliers d'êtres qu'il avait habillés de son regard. Avec lui, bien des femmes firent de leur indépendance une conquête, et de leurs conquêtes le sens d'une vie. Elles ne s'étaient pas habillées en Saint Laurent, elles s'étaient adonnées à lui en dansant, aspergées d'Opium, cils bleu Majorelle, « You're the one, you're the first, you're my everything ». Or des mots avaient été rayés de la carte de ce pays imaginaire qu'on appelait la séduction. On s'habillait moins pour plaire que pour marquer son pouvoir. On défilait moins pour montrer des vêtements que pour promouvoir une image. Quel couturier avait encore « sa » cabine ? Les filles des agences bougeaient trop pour être enchaînées à une seule maison. Elles posaient, elles tournaient. Les saisons s'étaient démultipliées, les campagnes publicitaires se suivaient à une cadence accélérée.

Il avait habitué le public à ces parenthèses noires dont il s'échappait, aimanté par une foi plus forte que la mort, c'était à chaque fois comme si, du pénitencier, il plongeait dans « la couleur de toutes les couleurs du monde » avant de chavirer, se laisser reconduire par des hommes en costume noir ou en blouse blanche. Séjours en hôpital psychiatrique. Electrochocs. Sommeil enchaîné de la désintoxication. Camisole. Vertiges. Piqûres. Résurrection. Chutes. Corps tuméfié. Cabossé par tout. Enfermé à l'extérieur de lui-même. Libre à l'intérieur.

Remercié par Dior en 1960, le petit prince au trapèze volant était remonté sur le trône en janvier 1962, date de sa première collection maison. Cette première absence fut le tremplin d'une nouvelle histoire à travers laquelle « l'enfant aux nerfs d'acier » décrit par Mishima devint un mythe, premier couturier vivant à exposer ses œuvres, au Metropolitan Museum de New York. En 1983, il n'était plus déjà depuis longtemps ce jeune homme qui dansait sur les tables. Il restait prodigieusement fort. Physiquement. Moralement. Il se disait « riche » de tout ce qu'il avait « vécu ».

Anna de Noailles écrivait vouloir atteindre la postérité en « souriant ». Lui, je ne pouvais l'imaginer autrement que s'ennuyant avec les immortels, les caricaturant sous les traits de vieux princes obsédés par les honneurs, avec pour maîtresses des Vilaine Lulu *botoxées*, siliconées et hargneuses qui leur réclameraient chaque jour un sac Kelly, une Daytona or rose *full* sertie, une *culinary adventure* proposée par un site de voyages gastronomiques découvert sur leur iPhone allumé jour et nuit. Elles iraient séduire le trésorier de l'association caritative dont elles s'étaient fait nommer membres du *board*, elles le quitteraient, elles reviendraient, à la une des journaux, libérées sous caution, mais menacées de correctionnelle, pour l'humilier davantage.

Avec leurs implants capillaires, et leurs souvenirs d'anciennes combattantes du sexe, les folles s'oxydaient dans un bain de médisances. Antiquaires, paysagistes ou décorateurs parfumés d'Opium, les hommes qui dînaient régulièrement entre eux dans des bistrots chic de la rive gauche ressemblaient à des vieilles orphelines. Leur luxe ultime, c'était de détourner un hétéro. Au vestiaire, leur duffle-coat YSL rouge magenta semblait contenir toute la misère d'un jour férié. Dans leurs allusions aigres, on devinait la solitude d'une existence réduite aux caprices d'un chien – souvent un Jack Russel –, ou du jeune ami qui les avait obligés à se teindre les dents en blanc lavabo.

« Je ne savais pas qu'il y avait urgence », me dit un jour l'un de ses proches. Dans sa chambre transformée en salle d'hôpital, les feuilles de papier Canson A3 et les crayons gisaient sur son bureau. Huit infirmiers se succédaient à son chevet, dont deux en permanence.

Yves Saint Laurent le titan avait choisi d'effacer son nom de l'affiche, entre deux époques, entre deux rives, l'une artificiellement dorée, l'autre, vaincue par les faillites, le doute, la peur du lendemain. La question planait depuis des décennies. La réponse tomba cette nuit-là, un dimanche soir, un appel téléphonique, une voix lointaine et familière, presque soulagée de révéler la sanction finale, la délivrance, après tous ces mois de secret, d'attente. En mai 2008, lors de la mort de Pascal Sevran, l'inventeur de « la chance aux chansons », LCI avait par erreur lancé la nécro d'Yves Saint Laurent.

Nous étions le 1er juin 2008. « Monsieur Saint Laurent est mort. »

Je me souviens d'une enveloppe blanche calligraphiée à l'encre noire, de ce carton gravé : « Laissez-passer pour assister aux obsèques de Monsieur Yves Saint Laurent, église Saint-Roch, 296, rue Saint-Honoré, Paris Ier, le jeudi 5 juin à 15 h 30. » La maison l'avait annoncé vendredi à 11 heures, la presse anglaise fut la première à signaler que si la date avait été avancée, c'était en raison du calendrier de Nicolas Sarkozy. Je me souviens de la rue Léonce-Reynaud, comme en suspension, une branche de crucifix entre l'avenue Marceau et la rue Galliera, une antenne de ce petit Beyrouth parisien, où les orthodoxes et les ex-miliciens en blouson de cuir se frôlent autour d'un *chawarma* de poulet à l'ail. A l'entrée, il y avait des hommes en costume noir, Didier, son chauffeur, qui avait même une carte de visite, « Chauffeur de Monsieur Saint Laurent ».

Officiellement, la maison de couture était devenue la Fondation Pierre Bergé-Yves Saint Laurent, mais comme les vieux qui parlent en anciens francs, je continuais à dire « la maison », c'était un lieu vert, or et blanc, chargé d'une histoire que personne n'aurait pu m'arracher.

Des gerbes d'amour gisaient sur le trottoir. Des trophées de lys. Des roses sur lesquelles flottait un ruban d'adieu. Généreuses et déjà abîmées, de celles que Monsieur n'aurait jamais voulu voir là, avec leurs pétales un peu flétris. Je me dis qu'Yves Saint Laurent était vraiment un lys, quand on s'approchait de trop près, il vous tachait, avec ses traînées de pistils jaunes. Dans son linceul végétal, la mort rentrait par tous les côtés, forte de cette incroyable énergie qu'elle inspirait aux vivants. L'organisation de la cérémonie semblait remettre tout le monde en piste, et dans un précipité funèbre, elle activa l'extraordinaire rituel des placements, des premiers rangs, du protocole maison.

Dans le bureau de presse, Pierre Bergé regardait ses SMS, je le revois, magistral en *death planner* ; courant partout, au milieu des journaux, des magazines que la maison continuait d'acheter depuis sa création, en deux, trois, quatre exemplaires ou plus, pour chaque parution, tradition de l'archivage oblige, et qui donnaient ce jour-là à la pièce aux mille classeurs noirs, un air de camp retranché. « Saint Laurent, un visionnaire de la haute couture » (*Le Figaro*). « *Giant of couture* » (*New York Times*). La pêche aux *quotes* était ouverte : « J'ai obtenu ma toute première couverture de *Vogue* grâce à cet homme » (Naomi Campbell). « Il était mon idole, un modèle à suivre. » (Jean Paul Gaultier). « Yves Saint Laurent a érigé la haute couture au rang des arts en inventant le merveilleux silence du vêtement… » (Bertrand Delanoë).

Une carte d'état-major reproduisant le plan de l'église s'étalait sur trois bureaux. On cochait, on gommait, on remettait des noms. La sécurité de l'Elysée était annoncée. Catherine, la fidèle assistante de Monsieur, avait peint ses lèvres en rouge strident, comme pour masquer des yeux noyés de chagrin. Pour la première fois, j'entendis sa voix. La Mercedes classe S 350 l était garée dans la rue.

Mise en circulation le 3 mai 2007, elle aurait bientôt à son parcours 15 350 km. Soit 2 508 km de plus que le diamètre de la Terre.

« Il était condamné depuis un an », chuchotait-on dans Paris. Le secret entretenu autour de la maladie d'Yves Saint Laurent par Pierre Bergé avait épargné à la mode le pathétique cortège orchestré entre Paris et Los Angeles par le manager de Johnny Hallyday en décembre 2009. Aurait-on imaginé Giorgio Armani, Ralph Lauren, Pierre Cardin se rendre au chevet du couturier ? André Courrèges, en salopette rose layette ? Bien sûr, ils vinrent tous, ou presque, à l'exception majeure de Karl Lagerfeld, et de Pierre Cardin qui n'avait pas été invité. C'était lui pourtant qui avait remis le prix du Secrétariat de la Laine en 1954, à Yves Mathieu-Saint-Laurent. Mais une vieille bataille l'opposait à Pierre Bergé.

Les obsèques eurent lieu à l'heure dite, en présence de toutes ces silhouettes comme prélevées d'une année de numéros de *Paris Match*, et collées au coin du feu, un jour de pluie à la campagne. Suzy Menkes était spécialement revenue de Los Angeles. Valentino saluait les photographes, comme s'il était encore sur son yacht. Je revois Claudia Schiffer, bibi, jupe noire au genou, un air de condoléance cousu sur son front d'ange et peut-être un flacon de sels dans son sac, John Galliano avec son béret criblé de strass, Hubert de Givenchy, immense, toisant tout le monde de sa statue de commandeur aux cheveux neige, Loulou de la Falaise, sous son chapeau noir, Jean Paul Gaultier et Kenzo, Alber Elbaz, pieds nus dans ses souliers vernis, Bernard-Henri Lévy, Arielle Dombasle et Carla Bruni, ballerines, pantalon noir, tee-shirt noir, présence en quête d'invisibilité tranchant avec le souvenir de ses apparitions soyeuses, cette chute de reins admirable, soulignée d'un trait de satin saphir, au temps où mannequin, elle me confiait : « Dans une robe d'Yves Saint Laurent, même quand on est nue en dessous, on a chaud. »

Moulié, le fleuriste de la place du Palais-Bourbon, avait reçu ordre de ne livrer ce jour-là que des corbeilles de fleurs blanches. La rue était barrée. Nous étions à « cent mètres de la boutique Colette », comme le rappelle Nathalie Rykiel. Sens du détail qui lui valut, entre tous, alors qu'elle avait demandé d'être assise à côté de sa mère, Sonia, la réponse de Pierre Bergé : « Ce n'est pas un défilé de mode ![5] »

Il y avait là Bernard Arnault, président de LVMH, François Pinault et son fils François-Henri Pinault, à la tête de PPR. Le premier rang était réservé aux invités d'honneur et aux proches. Chacun semblait vérifier son statut selon la place qui lui avait été accordée. Au message de peine que certains adressaient d'un sourire, s'ajoutait celui d'une légère pitié condescendante. Dans le fond, les anonymes, les revenants et les anciens semblaient s'agglutiner près des colonnes, on ne se disait pas « on déjeune bientôt », mais c'était tout comme. J'aperçus un ancien serveur du Flore devenu maître d'hôtel chez Prunier Madeleine – l'un des deux restaurants de Pierre Bergé – ; des visages incertains et familiers semblaient revoilés de brume, on tuait les minutes, dans ce jeu de piste visuel. « Tiens, sa psy, au bout à droite, tu la vois ? » J'avais l'impression d'être dans la chanson de Dalida, « c'est toi, Gigi ? ».

Pendant la diffusion du questionnaire de Proust, Agnès B., en manteau parme, arriva comme une fleur tombée d'un bouquet. Catherine Deneuve avait scénarisé son apparence à l'extrême, petit manteau « Belle de Jour », collants clairs, et gerbe de blé dans les bras, elle était la même qu'en 1966, le jour de l'inauguration de la première boutique rive gauche rue de Tournon.

Mademoiselle Deneuve lut ce poème de Walt Whitman : « Sur le visage des hommes et des femmes, je vois Dieu. Si tu veux me revoir, cherche-moi sous tes pas… » Paris ce jour-là semblait rempli de tout ce qui faisait sa gloire et sa défaite, certains s'embrassant du regard, d'autres s'évitant. Pierre Bergé prit la parole. Ce n'était plus l'homme à la voix bourrue, le père fouettard de la haute couture, aussi aimant et fidèle envers ses proches, que redouté par le deuxième et le troisième cercle, toujours au bord de la grâce et de la disgrâce. La voix s'éleva, comme ensablée, anéantie, juste soutenue par ces mots qu'elle traçait d'une canne sonore : « Ce jour-là, tu as rencontré la gloire, et depuis, elle est toi. C'est la dernière fois que je te parle. C'est à toi que je m'adresse. A toi qui ne m'entends pas. Ne me réponds pas. (...) Tu as quitté à jamais ce métier que tu avais tant servi. Tant aimé. Tu ne t'es jamais consolé[6]... »

Entre le lion et le scorpion, qui sortirait vainqueur de cet ultime duel ? Sans doute, la vie, la nouvelle vie que Pierre Bergé le veuf allait choisir de mener, en vendant les maisons de Paris, Tanger, Benerville, les tableaux, les objets d'art, l'orfèvrerie, comme on change de ville, d'adresse, sans changer de nom, pour préférer à la poussière des souvenirs trop encombrants, l'invisible refuge de la mémoire. « C'est ton œuvre qui t'a permis de vivre. L'artiste est ainsi fait qu'il ne trouve salut et espoir que dans la création. Il va falloir te quitter maintenant et je ne sais comment faire. Je n'oublierai jamais ce que je te dois. Un jour, j'irai te rejoindre sous les palmiers marocains. Pour te quitter, je veux te dire mon respect, mon admiration, mon amour... »

Un barrage s'était brisé. Une énorme vague submergea le public. Ces mots semblaient contenir tous les autres, enfouis pendant des années sous les costumes ingrats du geôlier, de l'intendant revêche, du trouble-fête, du dirlo bourru, tous ces masques qui avaient fini par recouvrir l'esthète, le bibliophile, l'idéaliste, le chasseur de clowns tristes peints par Buffet ou Ensor, l'ami, en un mot l'homme blessé, auquel Yves Saint Laurent faussait une nouvelle fois compagnie. « Nous n'habitions plus ensemble, mais nous nous appelions tout le temps. Je lui consacrais mes week-ends. J'avais un vrai besoin d'Yves. Je ne pouvais m'en détacher. C'est peut-être névrotique. Je n'ai pas de difficulté à l'accepter. Je ne ferai croire à personne que nous avions des discussions passionnantes, mais c'était une présence[7]. »

Des milliers de souvenirs se détachèrent, flottant à la surface d'une histoire commencée cinquante ans plus tôt, lorsque Pierre Bergé et Yves Saint Laurent se rencontrèrent, au-dessus du cercueil de Christian Dior. Pourtant, le père spirituel chez lequel Yves Saint Laurent avait commencé, comme modéliste, ne fut pas cité une seule fois dans le discours de Pierre Bergé. Celui-ci ne tolérant aucune autre filiation en dehors de celle qui liait Yves

Saint Laurent à des artistes. Ce qui choqua une grande partie de l'assistance. Quelle importance accorder à cette rature de l'Histoire ? Exclusion par sentiment de possession, ou simple mépris pour celui que Pierre Bergé ne considérait après tout que comme un artificier, un illustrateur ? En dix ans, Christian Dior avait créé une maison dont le nom est resté à jamais gravé dans la mémoire de Paris, de l'après-guerre, symbole absolu du « retour à l'art de plaire » immortalisé par le *new look*. C'est chez Dior qu'Yves Saint Laurent avait fait ses armes dans l'univers de la mode. En se rapprochant du style de Chanel, Yves Saint Laurent s'était éloigné de son influence – le principe d'une ligne par saison –, mais il était resté à jamais le fils de ce couturier dont il emprunta, par mimétisme, tant de signes de reconnaissance, de codes secrets, qui avaient déteint en lui. Comme Dior, Yves Saint Laurent restait assis derrière son bureau, comme lui, il était superstitieux. Comme lui, il était gourmand. Comme lui, il était « timide et gêné de vivre » pour reprendre l'expression de Pierre Cardin, citant Dior, dont il fut le premier d'atelier entre 1947 et 1949.

« Je n'arrive pas à croire qu'Yves Saint Laurent est dans la boîte », me chuchota une proche d'une voix rustique. Le cercueil ne contenait pas seulement un être, il gonflait devant nous, engloutissant, au fil des minutes, l'encombrante passion mise à nu. Soudain, les murs de l'église s'écartèrent, lorsque retentit la voix de Jacques Brel : « Ô mon amour, mon doux, mon tendre, mon merveilleux amour. De l'aube pleine jusqu'à la fin des jours, je t'aime encore tu sais… (…) Bien sûr tu pris quelques amants (…) Il faut bien que le corps exulte. » Que deux hommes vinssent célébrer leur amour dans un lieu de culte, fût-il « la paroisse des artistes », avait quelque chose de violemment *camp*. On était là, au cœur de la légende Saint Laurent, cette transgression des règles que seule avait rendue possible la reconnaissance de celles-ci, une histoire d'honneurs, de statut, de pouvoir, doublée d'une affolante tentation rebelle et insoumise à toute forme de convention, d'obligation, d'habitudes, ce côté fille de joie habillée en ambassadrice dans lequel le couturier avait excellé, toujours au bord du vice et de la vertu. Derrière les lys en buisson d'apparat, et comme échappée du carcan des orgues, c'est toute cette petite musique que nous retrouvions, aussi bizarre, étrange et familière que cette couverture en satin jaune soleil brodée par les ateliers, ou le lapsus du curé qui se trompa et dit : « Nous allons nous recueillir sur le cercueil de Monsieur Bergé. » Il voulait bien sûr parler de celui d'Yves Saint Laurent.

Dans les honneurs militaires qui furent rendus à Yves Saint Laurent, j'entendis un cri bientôt étouffé par les mondanités de velours. Le cri de l'insoumis, du réformé, de la *tapette* sur laquelle ironisaient les gradés, du petit-bourgeois d'Oran qui n'irait pas sauver la France, Yves Mathieu-Saint-Laurent, celui qui avait traversé la mer pour y enfouir ses peurs et ses secrets, ce trésor dont il ferait des robes, toutes scintillantes d'étoiles, avec son nom *brillant sur les Champs-Elysées, en lettres d'or.*

« D'un mois sans espoir, d'une année sans espoir, (...) et la mort apparaît sous le voile scintillant des étoiles mortes après des années durant et je m'en vais. Loin de ce bureau, loin de cette maison verrouillée sur le passé, et ne laissant passer à travers ces volets aucune lumière d'espoir… » Cette lettre était encore sur son bureau du 5, avenue Marceau. En homme de théâtre, il semblait l'avoir écrite pour les visiteurs indiscrets.

La foule était là, comme en ce jour du 21 janvier 1958, lorsque l'héritier de Dior vint la saluer depuis le balcon du 30, avenue Montaigne. Quand le convoi mortuaire s'engouffra dans la rue Saint-Roch, j'eus le sentiment qu'Yves Saint Laurent tendait sa main, cheveux au vent d'une décapotable. En se dématérialisant, il fêtait son retour dans le domaine public. Yves Saint Laurent appartenait à tous, pour la simple et bonne raison que personne n'avait pu le circonscrire. Chacun avait *son* Saint Laurent. Dior avait construit une griffe indissociable du tailleur Bar, des médaillons et de son attirance pour le goût néo-Louis XVI. Chanel avait mis en place un abécédaire de l'élégance en noir et blanc, qu'auréolent à jamais les reflets dorés des panneaux Coromandel. Le style d'Yves Saint

Laurent ne se résumait pas à un goût, à un type de vêtement : c'était une attitude. Figure de l'exil, d'un cosmopolitisme sans autre refuge que celui de l'esprit, Yves Saint Laurent s'était éteint comme il avait vécu : seul. « Chanel, c'était une espèce de bête fauve, un chat en colère qui avait toujours un compte à régler avec quelque chose ou avec quelqu'un », m'avait dit Edmonde Charles-Roux… « Elle ne travaillait que contre, comme disait Aragon. Yves ne travaille pas contre, il travaille dans un monde très difficile à comprendre. Je ne me sentirai jamais le droit de donner une explication au monde intérieur d'Yves. C'est le sien. Il est très complexe, et sans doute à la longue plus intéressant que celui de Mademoiselle Chanel. »

Yves Saint Laurent avait peint des tempéraments singuliers, désaxés, là où la femme Dior, la femme Chanel étaient d'abord des accompagnatrices, qu'elles soient maîtresses ou épouses. Avec lui, le corps d'Albertine et celui d'Odette n'ont cessé de se télescoper dans un jeu d'influences contraires, et complémentaires. Corps androgyne de l'une, se glissant souplement dans des vêtements comme le trench, le smoking, le caban, le pantalon, le blazer, les blouses de soie à « boutons jumelles » dont il fit des classiques au féminin. Corps tout en courbes remodelé par les fées des ateliers et structuré par l'idée première qu'un tissu se « mate », qu'un vêtement s'échafaude comme une maison, que la haute couture est d'abord l'école de l'œil, une histoire de millimètres, de « secrets chuchotés », antichambre de tous les jeux de l'amour.

Le jour des obsèques, Alber Elbaz alla chercher à la Préfecture son passeport français. En 1998, il avait été le seul à avoir été choisi du vivant d'Yves Saint Laurent, pour réaliser le prêt-à-porter Rive Gauche. « C'est fait » avait-il dit à sa mère, au téléphone, en sortant de chez l'avocat. « Tu es contente ? » De Tel-Aviv, elle avait répondu : « Je serai contente quand tu te marieras. » Le passage d'Alber au sein de la maison n'avait pas laissé que des bons souvenirs, de part et d'autre. Quand il avait commencé à vouloir alléger la construction des vestes, l'atelier tailleur s'était figé dans une sorte de torpeur. Pas de doublure, des bords vifs, ô sacrilège ! Bien des opérations, qui pouvaient désormais être exécutées à la machine, prenaient des heures. La fidélité s'étiolait dans l'immobilisme, la raideur des habitudes, cette « cigarette » que les ouvrières glissaient dans la « ressource » de la manche, ces épaulettes repassées pendant des heures, ces ouatines destinées à ce que ça fasse « gras ». En 2000, quand la maison fut rachetée par le Gucci Group, on ne pleura pas son départ. Pierre Bergé eut ce mot : « Quand on achète une Ferrari, on n'achète pas le chauffeur qui va avec... »

Le mercredi 11 juin 2008, un avion privé affrété par Pierre Bergé s'envola pour Marrakech avec à son bord 88 personnes, afin de procéder à la dispersion des cendres. Quelques pourparlers officiels eurent lieu afin qu'une plaque « Yves Saint Laurent, couturier français, Oran, 1er août 1936, Paris, 1er juin 2008 » puisse être scellée. Il y avait là Claire Chazal, Jack Lang, Betty, Loulou, les premiers, les premières... Tout était réglé, encore une fois, au millimètre. La fontaine du ryad coulerait, sans bruit, sans heurt, comme dans l'exposition « Une passion marocaine », organisée à la Fondation Pierre

Bergé-Yves Saint Laurent. A Paris, le jardin de la villa Majorelle avait été reproduit sous la forme d'une photo panoramique. Les mannequins en résine blanche, dits les « Schläppi » (le nom de la marque), semblaient fixer un point imaginaire. Je suis revenue souvent là, me recueillir à l'intérieur du temple bleu et vert, un décor dans le décor, où cette grande cape brodée de bougainvillées inondait les cafetans de sa lumière. Rien ne me semblait plus vrai que ce faux-là.

Une semaine après les obsèques, je revins à l'église Saint-Roch. Du jardin griffé Moulié ne restait que ce parvis, jonché de détritus, avec des canettes de bière 1664 vides. A l'intérieur, les jasmins et les lys Casablanca avaient disparu. Tout comme les chaises de bois doré à coussin rouge, sans doute louées chez Catillon, le jour J. « Mais elles ne font pas partie de l'église », m'avait fait remarquer une professionnelle des plateaux télé, habituée aux décors modulables et reconstitués. Une femme sans visage rangeait des chaises en plastique d'un vilain jaune. Des touristes photographiaient le lieu, le pas traînant de Crocs roses. L'usine de sabots en plastique était paraît-il au bord de la faillite, car ils étaient inusables. Après quatorze ans de ministère sacerdotal, le père Thierry de Lépine allait quitter Saint-Roch pour un nouveau ministère, dans le cadre du collège des Bernardins. Vêpres, diacres, séminaristes se préparaient à l'arrivée du pape Benoît XVI. La mort d'Yves Saint Laurent semblait déjà loin. « Mais pourquoi nous répète-t-on toutes les demi-heures qu'il avait révolutionné la vie féminine en inventant le smoking pour femmes ? Hormis ma concierge, je ne connais guère de femmes qui portent le smoking », glosa *Le Monde*. Sur les plateaux télé, les dernières femmes à porter le smoking étaient des héroïnes, je pense en particulier à ces militantes algériennes, laïques, qui défendaient la liberté contre les carcans de l'intégrisme.

Les années quatre-vingt-dix avaient tout leur temps. Celles que nous vivions au jour le jour ne semblaient « purifiées » que par les prédicateurs, les imams et les gourous. Ils étaient les derniers remparts de la vertu face à la société capitaliste festoyant autour de son veau d'or : le luxe.

Cette saison-là, à Milan, les mannequins qui défilaient chez DSquared mimèrent des people surprises par des paparazzi, avec leur gobelet Starbucks et leurs robes de satin étranglées par un gros pull. Cash & trash. Brillant mix & match de soir et de jour, de vieux et de neuf, pour un éloge du système D tel qu'on le retrouvait sur les vidéos amateurs de YouTube. A l'aéroport, sur le chemin du retour, la vision de ces mannequins aux jambes pas plus épaisses que des bras, vous faisait frémir. L'euphorie se brisait, comme un composite (classeur de photos de mannequin) jeté à la rue par un *booker* en colère. Rien n'advenait désormais sans contrat, sans agent, sans contrôle.

En juillet 2008, la semaine de la haute couture s'acheva un jour de lune noire. De vestes de toréador en pourpoints d'escrimeuse, de serre-taille en cols boule, jamais le corps ne me sembla autant comprimé. Les effets 3D avaient eu raison du trait, hier modélisé par les tailleurs sous forme de toile, désormais réduits à des effets de volume. Là où, de croquis en essayages, d'épingles en tracés millimétrés, le vêtement n'était « fini » qu'une fois porté, il semblait souvent se suffire à lui-même, armuré, compact, prêt à être exposé, flashé.

L'invisible Martin Margiela alla jusqu'à présenter sur des mannequins au corps intégralement gainé d'une combinaison noire type Fantômas, une collection de « ready made » artisanaux comme cette robe composée de disques 45-tours chauffés pour être moulés sur le corps. A un moment donné, l'attachée de presse nous demanda si nous n'étions pas cardiaques. Un assistant en blouse blanche planta une aiguille dans le boléro doudoune en ballons. La matière s'échappait pour ne laisser que la trace d'une vision, d'un instant en décomposition. Partout quelque chose s'échappait, c'était ce corps qu'il fallait contenir, tel un oiseau un peu maléfique déployé par Jean Paul Gaultier dans des cottes de mailles en héron cendré, ou des robes dont les manches « *choutées* », évoquaient les deux ailes d'un aigle royal. D'un buste cage « mannequin d'osier », au trench de crocodile, le fils illégitime d'Yves

Saint Laurent retrouvait le portrait de ses héroïnes, dans cette nuit de strass électrisée par les lumières des années quatre-vingt : avec lui, une longue robe de velours émeraude doublée de soie orange, semblait prendre feu de l'intérieur. Volutes « ferronnerie », capes tout en arabesques de passementerie, orages désirés, la couleur ondoyait comme un serpent. Ensorcellement retrouvé des jaunes et des verts paradis, à-plats de roses *shocking* et de bleus cobalt, comme autant d'ex-voto couture.

Nous étions à l'intérieur d'une bulle d'or, et nous savourions ces moments aussi précieux qu'éphémères... La maison Van Cleef & Arpels avait transformé le château de Groussay en un miracle de lumière et de nature. Chaque « folie » avait été aménagée en un écrin de diamants. Champagne et feux d'artifice. Le soir, des invités en robes longues et smokings, venus des quatre coins du monde, savouraient le parfum des étoiles ; l'ambiance me rappelait celle de *La Règle du jeu*, ce conte drolatique tourné par Renoir en 1938. Un richissime client originaire du Kazakhstan, rêvait d'inviter Catherine Deneuve à visiter son pays. La place Vendôme était en fête. On papillonnait devant les bijoux de sentiment exposés chez Chaumet dont les salons venaient d'être restaurés. Les magazines se préparaient à éditer des numéros de rentrée aussi gros que des annuaires, inondés de campagnes de publicité. Le caviar d'opale de Dior Joaillerie se porterait-il avec un vison tourterelle ? Nous vivions les derniers moments d'une époque ivre de splendeurs et de luxe. A Paris, rue Danielle-Casanova, la maison Chanel avait reconstitué un décor en forme de flacon de N° 5. Le nouveau directeur artistique nous montra comment *chauffer* un blush avec de la poudre d'or. Dehors, la canicule. A l'intérieur, des jus de pêche glacés et des douceurs aux nuances assorties au *make up* de l'hiver. Rue de Miromesnil, j'achetai des roses Espérance et des hortensias gris-mauve pour Dominique Deroche, l'ex-directrice de la communication, qui fêta définitivement ce soir-là son départ de la Fondation Pierre Bergé-Yves Saint Laurent. Coiffée, maquillée, elle n'avait pensé qu'à lui, si belle dans sa saharienne bleu encre. Sur le buffet, il y avait des tuiles aux amandes géantes. Et de somptueux bouquets. Pierre Bergé prononça un discours. Le champagne étincelait dans les flûtes. Loulou, Ariel, Betty et les autres, se retrouvaient autour d'un absent dont personne n'osa prononcer le nom.

« Une page est tournée » : avec ces mots, certains croyaient trouver une sorte de salut, affranchis de tout ce que cette présence avait occulté. Le sésame de leur liberté. Le point de départ d'une nouvelle histoire, à laquelle d'autres n'osaient pas penser, les yeux embués de doute et d'espoir. Madame Colette fut engagée par Jean Paul Gaultier qui lui demanda de faire une robe avec un parachute puis s'envola pour New York où elle travailla quelque temps chez J. Mendel : « Regardez, prenez, apprenez tout ce que vous pouvez », disait Gilles Mendel à ses ouvrières. Puis elle décida d'ouvrir son propre atelier, à Paris. Elle retrouva des clientes. Des nouvelles arrivèrent, par le « bouche à oreille ». Certaines négociaient trop les prix, lui reprochant « de ne pas avoir de griffe ni d'adresse ». Un jeune étudiant allemand en droit apprit à ses côtés à coudre. La vie continuait. « A chaque fois qu'on recommence quelque chose, c'est beau. »

Créatrice d'une petite collection d'étoles en cachemire, Amalia m'avait donné rendez-vous dans un café. En jean, sous les néons, elle était toujours aussi magnétique. Je la revois, arrivant sur le podium du Salon impérial de l'hôtel Intercontinental, nue sous son vison, avec son cœur de vrai-faux rubis se détachant sur sa peau noire. Elle avait été pour Yves Saint Laurent la Silvana Mangano de la collection « Hommages », elle restait le dernier « Love » du couturier, son portrait figurant sur le poster-carte de vœux envoyé par Yves Saint Laurent en janvier 2007. « Elle est semblable aux masques et aux statuettes de l'art tribal qui expriment tout en quelques traits », disait d'elle Yves Saint Laurent, qui avait accepté d'être le parrain de baptême de son fils Melchior. Née d'une mère somalienne et d'un père italien, elle a toujours ce port de reine ; même sous les néons d'un café parisien, elle renvoie l'image de ce qu'elle n'a jamais cessé d'être, cette reine au sang mêlé qui, sur ses escarpins en crocodile, semblait avancer pieds nus vers le soleil, aussi parée que nue sous un smoking de grain de poudre « khôl », une blouse de cigaline « Macassar » ou une robe de mousseline « savane ».

Je me souviens de ces mannequins dont il savait immédiatement capter la lumière, en intensifiant ce qu'elles avaient d'unique, une chevelure rousse, un nez d'oiseau de proie, un profil d'idole. Je revois ces photos de Violeta Sanchez par François-Marie Banier, le visage revoilé de tulle point d'esprit. Elle et les autres ressemblaient tant à ses croquis, qu'on avait l'impression qu'il les avait dessinées pour les faire apparaître. Or c'est leur présence qui l'inspirait. Les blondes redevenaient des héroïnes un peu glacées, il semblait avoir caressé, senti, adoré toutes les peaux. Je revois Laetitia Casta, au corps semé de roses, puis en tailleur de shantung, apparue à son bras, en mariée, au final Yves Saint Laurent haute couture du printemps-été 2001. « Nous sommes amants », lui avait-il écrit en marge du croquis. Le studio trouvait « qu'elle n'entrait dans rien ». Sous son canotier de paille, elle lui souriait, elle l'embrassa comme jamais un mannequin ne l'avait embrassé. Il était comme un enfant. Je revois son visage tacheté de traces de baisers. Son corps déformé par tout ce qu'il avait enduré, ses chutes, ses déséquilibres, tout ce qu'il s'était infligé. Comment faisait-il pour être celui-là ? Celui dont les ouvrières disent encore : « Il n'est pas mort, parce qu'il est en moi. Avec son air malade, il devinait tout. »

Yves Saint Laurent était de ceux qui voient, au fond de leur solitude, ce que les autres cachent. Il vous arrachait tout d'un simple regard. Il vous mettait à nu, face à vous-même. Il était parti, emportant avec lui ses secrets, mais pas ceux des femmes, ces êtres dont il avait habillé la différence. Les premières clientes s'appelaient Madame Jacques Fath, Edmonde Charles-Roux, la duchesse de Windsor. Jusqu'au bout, il y eut des « nouvelles », comme Inès de la Fressange ou Wendy Stark, pour la collection de 2002. Entre les deux, il y eu la terre entière. D'Elsa Schiaparelli qui s'était commandé trois robes de la collection 40 à Lauren Bacall, aussi éprise de pantalons couture YSL que Jane Fonda. Et puis toutes les autres. Celles qui ne se souvenaient presque plus de la robe qu'elles portaient le jour J que de l'homme qu'elles avaient séduit. Il les avait habillées avec la force de son talent, l'éclat de ses couleurs, de ses robes, comme des lignes mouvantes, des souffles d'amour. Il ne les avait pas « libérées », au sens où il savait trop bien qu'elles n'attendaient pas d'un couturier qu'il desserre des verrous. Il avait habillé leur capacité à être toutes en une seule. Il avait permis à certaines de se trouver. « Il m'a offert mon plus beau rôle », dit encore Laetitia Casta.

Il avait dessiné des costumes-pantalons, comme des boucliers de grains de poudre, pour affronter le jour. Et des fourreaux soyeux, s'ouvrant sur une jambe immense voilée de noir, avec des escarpins de satin. Pour faire de la nuit, la promesse de toutes les nuits. Des nuits désormais solitaires passées devant la télé, un livret de sudoku, ou l'écran de leur ordinateur, quand elles avaient décidé de vendre des petits vestiges YSL sur eBay.

Un soir, lors d'un dîner « non placé », je fis la connaissance d'une femme qui m'intrigua. Elle me parlait de ses robes Saint Laurent, encore ensorcelées du souvenir de ses conquêtes, elle portait une robe-chemisier et une veste aux épaules reconnaissable entre toutes, j'aimais le frottement léger de la mousseline contre le drap sec, l'armure sur la peau nue ; cet ensemble que d'aucuns auraient pu juger « démodé » reprenait vie dans ses gestes, sa façon de s'asseoir, d'extraire lentement son étui à cigarettes d'une pochette croco visiblement ancienne, j'aimais ses bas fumés cognac, ses escarpins de cuir, dont la cambrure arrondissait sa cheville, cette pénombre l'habillait, comme un parfum. Elle disparut, comme une fée.

Les filles de la cinémathèque Saint Laurent avaient passé leur temps à s'inventer des personnages. Un jour Dame aux camélias, un autre Marlène ou Greta, elles se perdaient, on les retrouvait, entre la vie et la mort, dans un palais ou un hôtel borgne, elles jouaient à s'enrouler dans des histoires sans fin, comme le ciel bleu cobalt se drape au-dessus du lagon de l'océan Indien, elles étaient la transe, l'orage, l'extase. « *Who will you be today ?* » Telle était la question que posait chaque jour Monsieur à Madame Kempner…

Le jeu de rôle se consumait dans la peur. La peur, elle était là, elle rôdait, partout. C'était une comédienne qui redoutait d'être mal notée par la fashion police dans un magazine people. Ou d'être *castée* pour une crème anti-rides. C'était une styliste tremblant d'avoir à trouver quarante pantalons noirs et trente chemises blanches en moins d'une heure pour une photo, dans laquelle on ne verrait que le visage. Vingt-cinq tops à bretelles pour flatter l'ego d'un chef de pub qui irait détailler chacun avec l'air d'un général des armées en revue, le 14 Juillet. C'était un directeur de communication qui fouilla tout Venise pour trouver un ruban de satin assorti à la robe que devait porter une star, lors du dîner en 2007 donné par François Pinault au Palazzo Grassi. Je le vis revenir aussi exsangue, il n'arrivait plus à articuler une phrase, démonté par les colères de la belle : « Ça reviendra, c'est la fatigue… »

Il est vrai que les *personal requirements* imposés par les avocats de Hollywood devenaient de plus en plus surréalistes. Pour sa tournée en France, une star avait exigé dans son contrat le changement quotidien de la cuvette des toilettes. Le service d'étage du palace parisien avait la consigne de la démonter mais également de la détruire, pour éviter toute revente sur internet.

Le virtuel avait pris le relais de l'imaginaire, le corps suivait comme il pouvait, se bloquait pour un oui, pour un non, dévoré par les polypes et les eczémas géants. Les cancers se propageaient au rythme des divorces. Les filles des années 2 000 ne voyageaient jamais sans leurs compléments alimentaires et leur roll antistress. Elles avaient moins peur de souffrir ou de mourir, que de vivre. Souvent seules, elles se maquillaient peu, un souffle de poudre *nude*, et à peine un trait de gloss sur les lèvres. Comme on avait perdu l'habitude de regarder une femme dans les yeux (un motif de harcèlement sexuel), on remarquait d'abord ses souliers, de plus en plus hauts.

Dressées sur leur paire d'Altipump Louboutin, les rédactrices de mode ne juraient plus que par le « sans gluten » et l'épilation laser. Il fallait les voir insulter leur secrétaire à

New York quand elles ne trouvaient plus leur chauffeur perdu dans les rues grises de Milan, battues par la pluie. Le téléphone Vertu sonnait, elles hurlaient : « *Where Are YYYYYYou ?* »

Le spectacle de ces créatures comptant leurs grains de riz dans leur assiette devenait embarrassant. Il était difficile de trouver des femmes qui avouaient leur âge dans un dîner, buvaient un deuxième verre de vin, et prenaient un dessert. Elles semblaient toutes « ailleurs », c'était comme quand on demandait : « Passez-moi le responsable », et que le préposé vous raccrochait au nez. Alors, quand on en rencontrait une, on avait envie de la serrer contre son cœur. Je pensais à Ermeline V. Celle qui, empoignant mon sac Prada, me disait : « Mais ça pèse un âne mort ! » Trouvait qu'une proche, qui avait trop grossi, ressemblait ce jour-là à une « grosse laitue ». Elle traversait le Palais-Royal avec ses sandales à talons et son caban Balenciaga, sublime avec sa bague serpent que lui avait montée un célèbre orfèvre vénitien. Au Lancaster, elle me parlait de la haute société italienne, de la V..., « une ancienne putain » qui disait : « Avec mon mari, je suis née une deuxième fois. » Ermeline savait mentir avec le flegme de ceux qui ne disent que la vérité, mélangeant les compliments sincères et les sourires de circonstance sans jamais défaillir. « Si tu savais, le nombre de femmes brillantes qui sont mariées avec des croix ! » Elle voulait parler des époux ennuyeux. Elle détestait les compliments, les gesticulations obséquieuses. « Moi, le passé, je m'en suis libérée. » Elle n'avait pas fait de lifting. Elle n'avait pas besoin de se prouver qu'elle était jeune. Dans les années quatre-vingt, elle avait trouvé des fouets pour Helmut Newton, et c'est avec la même exigence qu'elle chinait des coussins en soie pour une série de montres en or dans la gueule d'un tigre vivant. Il fallait être en noir ce jour-là pour ne pas énerver l'animal, son mari avait eu peur, pas elle. Elle n'avait pas de tabou. J'aimais sa gouaille, son culot, ses rires, qui détonnaient au milieu de toutes ces trentenaires frileuses et indifférentes à toute forme de contact charnel, qui les répugnait d'ailleurs plus que tout. Quand elles embrassaient, c'était à l'américaine. Sans poser leurs lèvres sur vos joues. Mais en tendant leur visage, les yeux pointés sur la scène suivante et qui voulait dire « *Next* ».

Yves Saint Laurent avait habillé les scandaleuses, celles qui portaient des pantalons interdits dans de nombreuses entreprises, elles se voulaient femmes, avant d'être mères. Leurs filles se savaient plus vulnérables. Ce qu'elles redoutaient avant tout, ce n'était pas d'être enceinte, mais de ne plus pouvoir l'être. Insémination artificielle, fécondation in vitro, injection intracytoplasmique de spermatozoïdes, chacune luttait contre l'infertilité, une bataille dont on ne dira jamais assez ce qu'elle suppose de force, de courage pour affronter les questions des amis des beaux-parents : « Toujours pas de bébé ? » La réponse était encore plus triviale : « On s'y met. » L'amour physique redevenait un devoir conjugal, dépossédé de tout élan par cette réalité physiologique sans appel. A la pression familiale et sociale s'ajoutait toute une série de menaces dues à une grossesse tardive : fausse couche, diabète gestationnel, malformations fœtales, retard de croissance ou prématurité de l'enfant.

En dehors des jours « fertiles », elles n'avaient plus de sexualité. Le malentendu s'installerait pour longtemps. Lui, il avait passé sa vie à parler d'amour, à dire aux femmes, si vous n'avez personne, alors je suis là. C'est pour cela que tous les homosexuels l'adoraient, il avait élevé les maudites en héroïnes, toujours au bord de la rencontre, du danger, de l'adieu, du coup de foudre, il habillait de beauté ces chagrins dont il savaient qu'ils étaient sans fin. Ces histoires de fleur bleue, il en avait fait des robes, une déclaration aussi irréductible aux notes studieuses des historiens en gants blancs qu'au jugement des hommes : « Le sentiment, c'est le petit ménage des femmes, comme ces boîtes où elles rangent un tas de fils et de rubans, et toute espèce de boutons, et des baleines de corsets[8]. »

Il y avait comme un décalage entre la folie d'un homme et l'Yves Saint Laurent tombé dans le domaine public, tout ce que les magazines de mode célébreraient avec plus ou moins de bonheur, le style masculin féminin, les transparences, les mélanges « jour et nuit », un pull sur une robe du soir.

Les Anglo-Saxons disaient : « *Very YSL !!* » On vit débarquer sur les podiums une armée de clones de Verushka : imprimés jungle, souliers de corde, robes bleu *aquarius age* pour des fêtes afro à Porto Cervo ou aux Bahamas. Sur le thème *style & leisure*, les périples transsahariens de la mode ressemblaient davantage à une invitation lancée par des tour-opérateurs. C'était ce qui marchait. Les gens n'avaient qu'une envie : foutre le camp dans des luxueuses villas, paradis grillagés avec spa et *butler* vingt-quatre heures sur vingt-quatre.

Mais les fantômes revenaient sur scène.

C'étaient des photos, des rencontres, des mots, des lieux.

Yves Saint Laurent parti, il vous collait au ventre, et à la peau. A New York, où un magnat de la peluche avait fait décorer sa suite penthouse au cinquante-deuxième étage du Park Hyatt, d'un plafonnier de Claude Lalanne. La chambre était tout en marqueterie de paille. Dans la salle de bains, le lavabo avait été taillé dans du cristal de roche. A Berlin, Yves Saint Laurent semblait traverser les miroirs. On le retrouvait, aux dîners, sur la Kantstrasse, photographié par Juergen Teller. Autour de June Newton, ce soir-là, il hantait les conversations.

A Milan, lors d'une exposition consacrée à Richard Avedon, je retrouvai le premier manifeste d'Yves Saint Laurent. La robe de Dovima et les éléphants, photographiée au cirque Bouglione. Première belle parmi les bêtes. Un Y drapé sur le corps d'un éléphant. A Paris, cette photo s'affichait encore en vitrine de la librairie Galignani, rue de Rivoli. Yves Saint Laurent était là encore et toujours, comme dans l'antichambre qui sépare la galerie du Plaza Athénée du Relais, où il avait ses habitudes. Il avait dédicacé une photo au maître d'hôtel : « Pour Werner, avec toute mon affection ». Il s'agissait de son portrait, par Irving Penn, emporté en 2009.

Je reconnaissais l'écriture d'Yves Saint Laurent, ces lettres amples et généreuses se détachant au stylo-feutre Paper Mate noir, une calligraphie aussi majestueuse dans sa forme qu'enfantine dans son contenu, parce qu'il avait cette manière unique de dire « avec toute mon affection » à un autre homme, qu'il s'agisse d'un ministre, d'un fournisseur, ou d'un maître d'hôtel. J'ai su qu'un matin, vers 11 heures, il était tombé dans la contre-allée de l'avenue Montaigne. Il venait parfois en cachette, au bar, à l'époque où « cet alcoolique qui ne buvait plus » avait recommencé à boire. Whisky. Vin rouge interdit avec les benzodiazépines. Un photographe l'avait surpris, ivre, sur le trottoir.

Monsieur Saint Laurent avait passé sa vie à échapper à ses deux rôles qui lui collaient à la peau, le damné et l'élu. C'est à son domicile parisien, rue de Babylone, que Nicolas Sarkozy, président de la République, lui avait remis, en décembre 2007, les insignes de Grand Officier de la Légion d'honneur. Je n'avais pas été conviée. Mais ce jour-là, un quotidien m'avait appelée pour me demander sa nécro. « Au cas où. » Cette décoration à demeure ne rimait-elle pas avec extrême-onction ? « Coco, tu as qui au frigo ? » Les personnalités trop fragiles ne devraient jamais fréquenter les salles de rédaction. Dans les marcs de café touillés d'un stylo-bille en guise de cuiller, ils n'apercevraient que la fatigue du rédacteur de garde. Un appel de une et quatre « col » pour les plus célèbres, une bio complète sur le site vite relue par des correcteurs qui s'obstinaient encore et toujours à mettre un tiret entre Saint et Laurent. Ils avaient des gosses à nourrir. Pas lui. Au fait, il était vraiment drogué ce mec-là ? Populaire, il l'était dans les limites du genre. Il n'était pas, à la différence de Johnny, un enfant de la rue. Les appels à la haine se propagèrent sur internet. Un site « toutsaufsarkozy.com » dénonça la présence du président de la République à l'enterrement people d'un « pédéraste ». Un autre, « teckel, le chien enragé », parla d'Yves Saint Laurent en tant que « sodomite ».

Brusquement, dans le silence qui suit sa mort, il y a l'été, un blanc. Comme un immense déménagement. Les bruits inédits dans la cour de la rue de Babylone, palpitant d'une foule de visiteurs, d'experts, également présents rue Bonaparte, chez Pierre Bergé. L'inventaire, pièce par pièce, avait commencé. Il y avait des fleurs partout. Jamais la maison ne reçut autant de jeunes gens, affairés et silencieux, au milieu des pieds de lampe qui transformaient le grand salon Art déco en un studio éphémère. Le torse grec en marbre blanc restait impassible, les serpents s'étaient figés dans leur silence, on passait et on repassait dans le salon aux miroirs de Claude Lalanne comme dans un bureau. Dans l'office jouxtant la cuisine, des ordinateurs portables avaient été installés. On mesurait, on décrivait, on répertoriait, on étiquetait. Tout était sous contrôle.

Du travail de cette armée d'experts résulterait un catalogue en cinq tomes, mille huit cents pages au total, réunis dans un coffret de dix kilos, et édité à sept mille exemplaires. Cinq dispersions dirigées par huit marteaux se relayant au fil des jours, seraient organisées. « Je ne fais pas confiance à l'au-delà. J'ai préféré tout organiser de mon vivant, ce que n'aurait peut-être pas fait Yves. Je ne pouvais réaliser cette vente qu'après sa mort. » Si les approches avaient commencé en 2007, c'est au cours de l'été 2008 que furent signés les accords de la vente, entre Pierre Bergé et Christie's. « Depuis quinze mois, je ne vis qu'à travers ce projet pour lequel je travaille nuit et jour », confia François de Ricqlès, vice-président de Christie's au *Figaro*, le 16 janvier 2008. « On me prédit d'ailleurs, après la vente, un grand coup de blues. Une sorte de dépression post-natale... »

La dépression, nous y étions, en plein. La crise avait comme un peu plus tendu l'atmosphère, écourté les scènes d'amour trop torrides sur les écrans, on envoyait même des bouquets de fleurs par SMS. Pas d'épines, pas de perte de temps, économie assurée. Les créateurs se voyaient désormais concurrencés par les consultant(e)s. Le chat se mordait la queue. Les rédactrices de mode photographiaient les modèles dont elles avaient été elles-mêmes les conseillères. Les mercenaires de l'image régnaient en maîtres. Services tarifés à 10 000 euros jour pour effacer les rides d'expression, proposer une nouvelle identité visuelle. Et gonfler artificiellement des traits, jusqu'à la prochaine saison, et l'espoir d'une reprise par un fonds d'investissement. Il fallait aller vite. Tout aspirer.

Tout prendre. Tout mélanger. S'attacher les services d'un joli nom pour faire le tam-tam médiatique et remplir les premiers rangs. Faire effet sur le podium monté par des équipementiers de l'événementiel au bord de la faillite. La pression était au top. Pour les rédactrices, *resee* obligatoire le lendemain et sélection de quatre pièces pour shooting garanti sur deux pages *verso*, le minimum exigé par la pub. Chanel avait engagé des femmes du monde pour les faire défiler comme mannequins. Chez Saint Laurent, elles étaient devenues vendeuses couture. Désormais, l'aristocratie désargentée monnayait particules et relations contre des contrats signés avec des parvenus qui faisaient honte à la belle-famille, mais permettaient tout de même de renouveler l'inscription des enfants au Polo de Bagatelle. « Seigneur, que suis-je devenue ? » semblait dire cette « PR » aperçue un jour à l'entrée du Club Interallié, privatisé ce jour-là par un client transalpin. Assise à côté d'un portant lesté de fourrures, elle ressemblait ni plus ni moins à une « dame pipi », ce personnage parisien en voie de disparition, qu'on ne fréquentait plus guère que chez Lipp.

Après des années de croissance à *double digit*, de plus en plus de sociétés de luxe avaient supprimé les bonus et imposé de nouvelles habitudes. En partant, il fallait désormais éteindre la lumière, ce qui, pour bon nombre de cadres, n'était pas jusque-là une priorité, les interrupteurs étant dans certains bureaux inexistants. Les incentives lointains avaient été remplacés par des vidéoconférences, les voyages récréatifs par des expéditions destinées à tester la résistance managériale. Paris se tortillait, au bord de la crise de nerfs, s'abîmait dans la complainte des attachées de presse – « Nous sommes le bureau le moins staffé de Paris » – et le sourire forcé de celles qui vous remerciaient, malgré les coupes dans les budgets pub, de les « supporter ». Elles voulaient dire « soutenir ». A Vulcano, où nous avions envoyé une équipe de mode pour un sujet mode, le ciel s'était déchaîné. Tempête sur le cyclo, entorses, vols annulés. Seules les pâtes noires et une piqûre d'araignée géante firent de ce séjour au goût de lave, un petit délice méditerranéen.

« Madame, une coupe de champagne vous ferait plaisir ? » Les soirées open bar appartenaient à une époque révolue. Beaucoup de jeunes homosexuels, engagés par des sociétés de luxe pour leur « sens de la mobilité », se retrouvaient, après une décennie de fêtes sur l'axe Londres-New York-Moscou – cocktails, *soft-openings*, *press-days* – en situation de débrayage mental. Dans leur appartement Rive Gauche décoré façon « Wallpaper », avec des chauffeuses Knoll et du mobilier scandinave achetés aux puces, ils se sentaient désormais aussi à l'étroit que dans un *lounge* d'aéroport où aucune voix off ne les inviterait désormais à monter à bord. Ils essayaient de revendre leur téléphone Vertu sur eBay, et rechignaient à s'offrir les services d'un *personal trainer*. Eux, qui avaient longtemps confondu le Relais Plaza avec leur cantine, se fournissaient désormais chez Allô Pizza, les yeux vagues face à leur écran panoramique, une main sur leur BlackBerry, une autre sur leur télécommande. A leurs amies, mères de famille, ils disaient : « Toi au moins, tu as tes gosses. Ça permet de garder les pieds sur terre. »

Le collectif « Sauvons les riches » avait fait irruption au Bristol, lors d'un raid baguette-camembert. Tout avait été mené dans les règles de l'art : réservation, *sitting*, puis déballage assez médiatisé, caméras filmant la rixe avec un service d'ordre musclé. C'est là, dans ce jardin intérieur balisé de porte-miroirs à treilles néo-dix-huitième, que j'avais déjeuné, une semaine plus tôt, avec un ex-trader qui m'expliquait autour d'un poisson vapeur son envie de monter un fonds d'investissement dans « le développement durable ». Il y avait des mots, comme ça, qui mettaient tout le monde d'accord : le premier d'entre tous, c'était bien sûr la paix, et le rêve d'un monde sans frontières, mais pas standardisé. La paix, la paix ! J'avais envie de leur dire à tous : les pacifistes, et Hitler vous connaissez, 1939 ça ne vous rappelle rien ? Non, ils étaient là, avec leurs drapeaux et leurs vidéos, la paix, c'était un vecteur de communication magique, on faisait fabriquer en Chine des petits foulards avec le mot paix, on invitait une star à fêter en chœur « un jour pour la paix », et des journalistes sensibles à cet engagement faisaient des papiers, des radios s'en mêlaient, le tour était joué, ceux qui n'applaudissaient pas l'initiative étaient des blasés, des aigris, insensibles à tous les enjeux de la nouvelle ère qui se dessinait devant eux. Ensemble, changeons le monde !

Dans les salons parisiens, des mots revenaient, de la même manière qu'étaient revenus sur les tables les légumes oubliés, potimarron, topinambours, vendus à prix d'or sur les étals de Joël Thiébault au marché de l'Alma. On parlait de jacqueries, de révoltes paysannes. La crise s'enracinait dans les campagnes. La douce France voyait rouge. Jamais les relations entre les individus n'avaient été aussi tendues. Les héros faisaient du hors-piste.

La tension était au maximum. Chez un coiffeur parisien, une actrice engagée dans la défense des sans-abri en vint presque aux mains avec une cliente blonde et millionnaire, maîtresse d'un financier stratège que les liquidations avaient tristement rendu célèbre. Le couple, qui vivait entre Londres et Genève, venait d'acquérir un château, et expulsait une à une les familles RMistes en mobile home auxquelles la propriétaire précédente, acculée de dettes, avait laissé une sorte de passe-droit. « Les salauds ! »

La mode découvrait le monde merveilleux des LAR (lettre recommandée avec accusé de réception), et autres CRP (convention de reclassement personnalisée). Envoi des demandes de reclassement, entretiens préalables, remise de la convention de CRP, information de la DDTEFP (Direction départementale du Travail, de l'Emploi et de la Formation professionnelle sur le licenciement). « Je vais encore me taper un Prudhomme ! » Pardessus de cachemire sable et cheveux grisonnants, Paul G., directeur d'une agence de communication, était un sosie de Villepin. Il partageait avec l'ancien ministre, comme avec certaines anciennes hôtesses d'Air France, cette conscience un peu figée et affable de son rang. De sa voix nasale, il me raconta ses derniers déboires avec une salariée qui avait envoyé un mail au client (Montblanc), pour demander le nom et le prix du Meisterstück, le stylo vedette de la marque à l'étoile blanche. Furieux, il avait décidé de la licencier pour faute grave. Le jour de l'entretien, elle se présenta avec un délégué syndical qui lui lança : « Meister quoi ? Mais bon sang c'est un stylo ! » Paul G. lui rétorqua : « Et que diriez-vous si chez Renault, on ne savait pas la différence entre une Smart et une Safrane ? » Il se savait piégé, mais avec le temps, il avait appris à ne plus « prendre ça sur soi ». Ce week-end, il partait chasser en Sologne, et d'ailleurs, notre conversation s'arrêta, car son rendez-vous venait d'arriver, une brunette aux joues en pomme d'amour.

Un jour à la sortie d'un dîner de presse, j'entendis : « Ah les juifs, on ne peut plus rien dire maintenant sur eux, on se fait taxer tout de suite d'antisémite. » On disait « Sentier » pour ne pas dire juif. Dans les magazines, comme dans les agences de pub, les clients « tunes », qu'on pouvait se permettre de mépriser hier, avaient pris une importance soudaine, ils ne s'étonnaient plus d'être invités dans les dîners parisiens, où par courtoisie, la maîtresse de maison avait prévu un menu végétarien. (On voulait éviter de parler de sujets qui fâchent.) Faire Sentier, c'était l'insulte suprême. Le jour de Kippour arrivait, Paris était vide, le lendemain on leur demandait : « Il paraît que vous avez jeûné ? Ah oui, c'est excellent pour l'organisme… » Ils avaient beau prendre des attachées de presse très *french*, habiller leurs enfants chez Bonpoint, les inscrire à l'école Bilingue, ou à l'Alsacienne – s'ils habitaient Rive Gauche et avaient de bonnes relations –, fréquenter les galeries d'art contemporain, celles d'Emmanuel Perrotin ou de Kamel Mennour, défiler à la Cour Carrée, présenter leurs collections pendant la *fashion week*, ils ne seraient jamais complètement légitimes. Dans le regard jugeur de certains conseillers, je croyais relire Paul Morand : « C'étaient moins des hommes que des masses, des nébuleuses en mouvement[9]. » Ce qu'un obscur confectionneur de la rue d'Aboukir n'aurait jamais imaginé oser présenter à ses clients, la presse l'encensait : il s'agissait bien sûr de Balmain, dont une rédactrice consultante d'un grand magazine de mode avait assuré le *revival*, avec blousons cloutés et épaules rembourrées façon Michael Jackson.

« Mais c'est vraiment trop clinquant, c'est pour les Arabes et les juifs », entendait-on dans les derniers bastions du VIIe arrondissement.

La douce France d'Yves Saint Laurent, celle qui rayonnait en lui comme une éternelle leçon de Lumières, vivait à l'heure des replis et de la haine, salie par tous les affronts dont la robe de la République serait la cible. Quelle toilette Yves Saint Laurent aurait-il offerte à Marianne, effigie de cette France où un jeune homme juif, du nom d'Ilan Halimi, avait été torturé, assassiné, pour la simple raison qu'il était juif, où un ministre de la Culture serait traîné dans la boue, parce qu'il était homosexuel ?

« La crise ! » Pour sauver les apparences, des maisons en quasi-banqueroute continuaient à assurer au directeur artistique réduit au rôle de pantin lifté, un train de vie de milliardaire. Ses meilleurs amis étaient promoteurs, chirurgiens, vivant entre Londres, Miami et Moscou. Il portait des strings panthère. A Cannes, invitée sur le yacht de l'un d'entre eux, une star exigea un bain de lait d'ânesse. C'est ainsi qu'on obtenait des parutions dans les magazines people. La marque redevenait *bankable*. Des analystes en parleraient dans les dîners. Valentino avait jeté l'éponge, Karl Lagerfeld s'électrisait avec brio dans un tourbillon de collections pour Chanel, Fendi, Karl Lagerfeld. Dans sa noire mécanique, la planète tournait comme une boule à facettes, dont les rayons s'augmentaient avec la vitesse, lumières des boîtes de nuit et des flashes, des bulles de champagne tout crépitants d'une prospérité illusoire. Yves Saint Laurent avait tiré sa révérence. Un grand couturier était mort en faisant corps avec celle qui l'avait trahie dans sa course infernale : la mode.

Paris broyait du gris-noir. L'apparence ne cessait de se durcir. Les jambes s'étiraient. Le corps se confondait avec son ombre. Perfectos clous, *leggings* de vinyle, *stilettos* noirs, les amazones arpentaient les podiums comme les ambassadrices d'un nouvel état sauvage.

Vingt millions de personnes seraient licenciées en un an. Devenus galeristes, des collectionneurs se demandaient désormais comment transformer leur « espace » en *outlets*. Les stocks s'accumulaient. Les caisses étaient vides, et les conversations gonflées d'air… A l'image de la cuisine moléculaire et de ses additifs divers, perles d'alginate, méthycellulose, amidons modifiés et autres gommes improbables, les certitudes d'hier s'étaient ramollies au contact d'émulsifiants de synthèse. Présences édulcorées, directeurs de stratégie « sans visibilité », et budgets si réduits qu'ils semblaient tenir eux aussi dans une verrine : les costumes des présidents amincis par Hedi Slimane semblaient s'être métamorphosés en tabliers de petits chimistes. Certains coaches préparaient leurs discours comme El Bulli concoctant son *espuma* de carotte ou ses sphères de mozarella. Eviter tout ce qui heurte, la texture trop charnue, passer du mot au morphing, fluidifier, délayer, aérer, tiède devant, faire passer…

Les *workaholics* vivaient leurs dernières heures. « Je ne te cache pas que ces temps-ci, je suis vraiment chapeauderoue-tesque ! » A peine rentrée de congé maternité, Sabine D. s'était mise à fréquenter les *afterworks* « Absolutely Destress » avec menus diététiques pour retrouver sa « taille d'avant ». Son entrain suscitait la jalousie des filles du service. « J'ai changé de sac, j'ai peut-être une carte de visite en *back-up* », m'avait-elle dit, lors de notre première rencontre, tout en extrayant un dévidoir de Canderel de sa pochette Louis Vuitton. L'espresso refroidissait sur la table du Drugstore Publicis. Elle me parlait du bon « *feed-back* » des tables « coups de cœur » et du « *baby welcome* » avec une assurance presque mécanique au fond de sa voix lavée de Frisk (mentholettes). « Les buffets, ça a évolué, on essaie de tendre vers du raffiné même si ce n'est pas encore opérationnel. » Les voyages de presse à cent journalistes ne lui faisaient pas peur. Les supports, elle aimait les « travailler en rédactionnel » et reconnaissait que cette montée en gamme était un vrai marathon. « C'est un groupe très *challenging* avec un gros potentiel, et je me régale. » Sabine, chimiquement capitonnée par les tranquillisants, avait découvert l'univers impitoyable des réunions auxquelles on commença par oublier de la convier, vinrent les briefings annulés à la dernière minute, les humiliations et les crises de larmes dans les toilettes, vas-y chérie, tombe dans le trou, si tu pleures encore, on te remets en *open space*, avec la meute.

Sa fille lui piquait ses pulls Zadig & Voltaire et elle ressemblait de plus en plus à une collégienne malmenée. Une nouvelle ère avait commencé. La France comptait ses victimes. A vingt ans, on y manquait d'expérience. A trente ans, on était trop compétent pour le poste. A quarante, on était facilement sujet à des *up and down*. A cinquante, l'autorité de l'expérience passait vite pour du harcèlement. A l'annonce d'une éviction bien négociée, les bouchons de champagne sautaient. Des proches collaborateurs évoquaient les sévices psychologiques infligés par le « tyran » : « Tu te rappelles, la réunion qu'elle nous avait collée un vendredi soir ? »

Dans les bureaux, ils étaient et ils seraient des centaines à rédiger, hagards, leurs mails types : « Ne disposant pas de la visibilité nécessaire au-delà de cette période, je vous propose de me recontacter à votre retour afin que nous puissions convenir d'un rendez-vous ultérieur. » Ou encore : « C'est avec beaucoup d'émotion mais aussi d'excitation que je quitte l'agence vendredi pour de nouvelles aventures professionnelles… La relève sur les marques est d'ores et déjà assurée. » Quand ils descendaient fumer leur cigarette sur le trottoir, ils redoutaient de voir, dans les clochards du coin, l'ombre de ce qu'ils deviendraient peut-être, bientôt. La crise leur avait rendu un peu d'humanité : désormais, ils leur disaient bonjour.

Dans ces showrooms où nous retrouvions toujours les mêmes, mangeant les mêmes macarons Ladurée, sur les mêmes chaises Louis Ghost de Starck, la conversation se plombait parfois soudainement. Dans les années quatre-vingt-dix, les soupçons pesant sur l'absence étaient liés à la crainte du virus HIV. Désormais, même les bien-portants étaient potentiellement infectés. On se méfiait de tout. Les familles ne sortaient plus, par crainte de dépenser trop, les couples par celle de se séparer, les célibataires par l'angoisse de rentrer chez eux, encore plus seuls. Chaque soir, on se demandait ce que le ciel allait faire tomber le lendemain. Orages, tempêtes, plans sociaux en pagaille.

Les nouvelles de New York étaient mauvaises. Les *culture vultures* avaient déserté

Chelsea, des galeries d'art contemporain avaient fermé. Sur la 45e Rue, les supermarchés du « tout à 99 cents », proposaient de la jelly pour les cheveux en pots géants, des tests de grossesse et des faux ongles, des anneaux de céréales pastel qui semblaient tous surgis de la même usine chinoise, à l'image du shampoing à la fraise et des sauces barbecue. Les robots semblaient fulminer sous leur paquet de carton défoncé. Même sur la 5e Avenue, on soldait les costumes : ils étaient devenus les uniformes des chômeurs. Depuis que les riches portaient des jeans déchirés, les concierges des palaces ne savaient plus très bien sur quel pied danser.

La compétition tournait au drame. Une jeune accouchée se sanglait la taille jusqu'au sang pour montrer qu'elle était encore opérationnelle. Un éditeur de presse ruiné cherchait encore à vamper des financiers lors d'un ultime tour de table. Il leur vendait des « promesses de parutions » en échange de plusieurs centaines de milliers d'euros. Il n'avait pas payé son loyer depuis des mois, il en était réduit à vendre ses bijoux sur eBay. Pendant des années il avait fait vivre des tas de jeunes gens, qui venaient lui déposer leur addition sur la table du Costes. C'est lui qui payait pour tout le monde. Cette fois, il était « noir ». Bancairement incorrect. Incapable d'honorer ses dettes, il était poursuivi par des fournisseurs ivres de tant de cynisme. Devant ses escargots à l'ail, l'un d'eux me lança : « Quelle tarlouze celui-là. Il m'a floué ! J'ai été couillonné comme un communiant. » La chasse aux sorcières avait commencé. Il fallait des boucs émissaires. On dénonçait désormais les contrats mirobolants signés par des marques avec des actrices. A Londres, les épouses de traders pliaient bagage. Le shopping leur était interdit. Des familles d'expatriés rentraient. Mais un grand événement se préparait. Paris redeviendrait Paris. C'était comme l'annonce d'un grand bal. Il s'appelait la « vente du siècle ».

En janvier 2009, tout l'espace, sous la verrière du Grand Palais, devint la salle d'exposition de la collection « Pierre Bergé-Yves Saint Laurent ». *Les Coucous* de Matisse, *Le Désespoir de Pierrot* de James Ensor, le *Portrait de*

Madame LR de Brancusi, voisinaient avec des *herzpokal* à décor de pointe de diamant du dix-septième siècle, des écorchés de bronze, une Judith en majolique... Pour mettre en scène les sept cent soixante-treize pièces, l'aménagement des 13 000 m^2 fut confié à la lauréate du concours du design intérieur du futur musée du Louvre d'Abou Dhabi, conçu par Jean Nouvel. On parla d'un budget de plus d'un million d'euros. « De mémoire d'enchères, il n'y eut pas pareille vente depuis des décennies », annonça *Le Figaro*. Cent cinquante personnes s'activaient à mettre en place le décor. Pierre Bergé eut ce mot : « Je vais assister aux obsèques de ma collection. »

De la taille d'une carte de crédit (noire bien sûr), un laissez-passer imprimé d'une photo de Moujik IV avait été envoyé à quelques centaines de privilégiés. Le salon de la rue de Babylone, où les objets et les tableaux échangeaient depuis des années des correspondances secrètes et silencieuses, était devenu une sorte d'aire géante triomphalement dédiée à la Beauté, un mausolée de splendeurs. Dans le fond de la nef, une salle de 860 places assises avec une centaine de personnes de l'équipe de Christie's donnait au Grand Palais des airs de cathédrale. Trente mille visiteurs allaient se presser tout le week-end. « Et ces boîtes en or, tu les as vues ? Et cette théière turque ? Et ces timbales d'argent géantes ? Et ce déjeuner chinois en porcelaine de Sèvres, tu l'as vu ? » Le 23 février, à l'heure du champagne, les premiers invités arrivèrent. Un Minotaure les accueillait dans une rotonde floutée de voiles blancs, point de départ de la visite.

Les années Mitterrand revenaient en pagaille. L'air qu'on respira ce soir-là était embaumé de tous les grands moments YSL, les trente ans de la maison à la Bastille (1992), la Fête de l'Humanité (1988), le défilé rétrospective, en janvier 2002 au Centre Pompidou. Le soir de l'inauguration, des centaines d'invités se croisaient, échangeant des sourires d'habitués comme sur le pont d'un bateau de croisière dont ils ne connaissaient pas la destination. Anciens ministres, marchands, décorateurs, courtiers se retrouvaient, comme dans un bal. *Le Damier Jaune* de Fernand Léger, le *Nu au bord de la mer* de Matisse, les *Instruments de musique* de Picasso, le *Portrait de Madame LR* (Brancusi), nous donnaient le sentiment d'être aussi tétanisés par le spectacle dont ils étaient les protagonistes, là au cœur d'une jungle d'esthète, où le fauteuil aux dragons d'Eileen Gray, les banquettes de Miklos tendues de panthère de Somalie, aimantaient tous les paris.

La valeur marchande de ces pièces me semblait bien plus abstraite que la violence de leur présence, décoiffée, déménagée, hirsute, ces regards que nous croisions, celui de la belle Violetta Sanchez, de tous ces « anciens » de la maison, bousculés par la foule qui se répandait, dans ces salons d'exposition aux doux noms d'Apollon, Ingres, Dusquenoy... « *Beautiful structure, terrific shadow...* » : un expert commentait pour un collectionneur, le Chirico situé à quelques mètres de l'*Enfant Bleu*, de Goya, donné de son vivant au Louvre par Yves Saint Laurent. On reconnaissait les acheteurs potentiels à leur manière de tenir leur paire de lunettes d'écaille d'une seule main, de promener sous leur manteau de vigogne un catalogue de vente aux pages écornées. Les autres semblaient sous le choc, quelque part entre l'émerveillement et le songe, le sentiment d'être là, au cœur d'un livre en 3D dont ils tournaient les pages géantes, invités miniatures de ce vaste appartement sans portes, sans autre refuge que cette pièce d'où provenaient la voix de la Callas et celle d'Yves Saint Laurent, répondant au questionnaire de Proust : « Le comble du bonheur ? Dormir avec les gens que j'aime. » Dans la salle où étaient notamment exposés les meubles de Jean-Michel Frank, il y avait son lit, ivre de ce corps absent qui semblait tout voir, tout deviner, se délecter en solitaire de cette glorieuse et impudique offense.

J'aperçus Charlotte Aillaud, incandescente, Hélène Rochas, aussi droite qu'une danseuse, Betty Catroux, aux jambes plus télescopiques que jamais : « Quand je pense que j'ai vécu là pendant cent ans, en écrasant mes mégots dans ces cendriers en or, en marchant pieds nus… » Dans l'une des salles, les miroirs de Claude Lalanne m'évoquaient des nymphéas d'or, dont les reflets se perdaient au-dessus d'un piano Yamaha qui jouait Satie en boucle. Des vigiles indiquaient un sens pour la visite. « Fais attention au tableau, là, c'est un Warhol… »

Yves Saint Laurent avait offert à la bourgeoisie les couleurs des souks, transformant les salons en harems où les femmes se devaient d'être les plus belles, les plus désirées. Devant l'innombrable collection de torses, ceux de Mercure ou d'Athéna, je compris que le regard est un trésor, lorsqu'il révèle, tout en les chargeant d'une force supplémentaire, les secrets d'une vie, de ceux que Delacroix pouvait connaître, en écrivant : « C'est sur ce corps que j'apprends à lire. » Car dans cette tête du seizième siècle représentant Janus, autant que chez ce profil de jeune garçon signé Géricault, ne retrouvait-on pas le trait d'Yves Saint Laurent, ces femmes aux longs cous évoquant tout à la fois des divinités africaines et des éphèbes ? Les robes n'étaient plus là, mais elles étaient en lui, collées comme les drapés d'albâtre sur la chair de bronze de cette sublime Bacchante, ces Vénus qu'il semblait avoir habillées de nu. Dans cette *Adoration des Mages*, une tapisserie de Burne-Jones, il me sembla d'abord voir apparaître Amalia. Sans doute, la force des artistes croît avec leur capacité à multiplier les mirages, à tendre des pièges.

Le jour J arriva. C'était un mercredi, comme au temps des défilés Yves Saint Laurent haute couture. Dans les premiers rangs, je distinguai la silhouette de Bianca Jagger, assise à côté d'une grande collectionneuse, des patrons de presse badinaient avec le gratin. On vit des mains brandir des *paddles* numérotés, les enchères montaient, de centaines de milliers d'euros en millions. Personne n'osait se gratter la tête. « Ce n'est plus par vous, Monsieur, dans la salle. Pas de regret. »

Cintré dans son smoking Yves Saint Laurent, François de Ricqlès fit claquer ses premiers coups de marteau. *Madame LR* grimpa jusqu'à 29 millions. Deuxième record mondial après *Le Désespoir de Pierrot*, vendu au téléphone 4,9 millions d'euros. L'*Eau de voilette* de Marcel Duchamp se répandit comme l'élixir le plus cher du monde : 8,9 millions d'euros. Le lendemain, les chiffres illuminaient la verrière dans une pluie d'étoiles.

« C'est à vous, Madame, contre tous les téléphones… »

Daniella Luxembourg acheta « pour un client privé » un portrait d'homme de Frans Hals, 3,5 millions d'euros. Bien qu'on ait parlé de 600 millions d'euros en 2008, la vente fut un succès : 206 millions d'euros dès le premier soir des enchères, pour un total de 373,5 millions d'euros, fonds en partie réservés à la recherche sur le sida et à la Fondation Pierre Bergé-Yves Saint Laurent.

Un tel triomphe ne pouvait qu'être auréolé d'un parfum de scandale : les fameux bronzes chinois, une tête de rat et une tête de lapin d'une hauteur de quarante centimètres, adjugées chacune 15,7 millions d'euros allaient continuer à faire couler de l'encre. L'Association pour la protection de l'art chinois en Europe avait réclamé en référé la suspension de la vente de ces deux objets. La Chine accusa Christie's de piller son patrimoine. Pierre Bergé avait proposé d'offrir les pièces à Pékin, si le gouvernement chinois donnait « en contrepartie les droits de l'homme et la liberté au Tibet… ». Une proposition qualifiée de ridicule par le gouvernement chinois. L'affaire allait s'envenimer. Cai Mingchao, propriétaire d'une maison de vente aux enchères, refusa de payer les 31,4 millions. Des menaces de mort s'abattirent sur Pierre Bergé qui avoua qu'au moment de la vente, il avait accepté de se faire suivre pendant quelques semaines par des gardes du corps. Les deux têtes sont toujours enfermées dans une chambre forte, tenue secrète. Deux têtes, lui et lui. Toujours ce double entêtant, qui est là, comme l'aigle de Cocteau.

Leurs deux paires d'yeux avaient-elles jeté des sorts ?

En mars 2009, à Milan, dans son antre de la via Fogazzaro – dont une partie avait été transformée en un ring quadrillé par des rambardes métalliques –, Miuccia Prada fit surgir une armée de visages pâles aux yeux pailletés de rouge ; chignons crêpés et défaits par la tourmente, elles se présentèrent avec des shorts en grosse laine et des cuissardes de pêcheur. Pour elles, des tailleurs masculins coupés dans des laines bouillies, feutrées, juste ceinturées d'un trait de cuir. On aurait dit des princesses allant au bal, et se retrouvant soudain au cœur des tranchées, les jambes nues et les sacs de médecin rappelaient les ambulancières de 14-18, frileuses et altières sous un manteau d'officier blessé au front.

En avril 2009, quelques jours après l'accrochage de l'exposition Warhol, au Grand Palais, Pierre Bergé fit décrocher le portrait d'Yves Saint Laurent. Il avait été mis avec les couturiers. Et pas avec les génies. Le portrait revint au bercail, comme pour dire « je suis là, c'est ma maison ». Morts ou vivants, les artistes continuent de régner, quand les autres gouvernent.

« Je veux vivre autrement. » Kenzo avait lui aussi vendu sa collection, mais à Drouot. La nouvelle devise dans la mode, c'était « prendre l'air ». Le premier anniversaire de la mort d'Yves Saint Laurent arriva. Une cérémonie fut organisée par Pierre Bergé. Mais sur le carton, il était précisé, cette fois, « Entrée libre ». Il y avait moins de fleurs, on comptait les présents. Hubert de Givenchy les dépassait tous d'au moins une tête. « Je me méfie de la nostalgie, je n'ai plus l'âge des projets », assura Pierre Bergé. On pleurait un autre mort, disparu dans le crash du vol Rio-Paris. Il était celui qui organisait des événements pour la Fondation. Comme un messager céleste, un pigeon fit son entrée dans l'église Saint-Roch, baignée par la lumière de la *Missa Solemnis* de Mozart. Midi sonna. Il faisait beau. On se dispersa sobrement.

A Tel-Aviv, l'Institut culturel français organisa un festival de cinéma en l'honneur d'Yves Saint Laurent. J'aimais le retrouver au sommet de cette tour de dix-huit étages, d'où finalement on ne pouvait faire que deux choses : laisser la beauté vous pénétrer, ou fermer les yeux et mourir. C'est ce qu'il avait fait toute sa vie. J'aimais les minutes précédant le crépuscule, une fine résille d'or bientôt anéantie par les ténèbres. Tout me rappelait ses robes, ces drapés sans agrafe, pareils au vent caressant l'écume, je suis là maintenant, et je me souviens de cette sensation bleu-vert des profondeurs, ces écharpes de vent s'enroulant autour du buste, cette façon qu'il avait de vous emporter, de vous immerger, de vous prendre, sans rien étrangler, sans rien arracher, avec cette tendresse infinie dont les étoffes gardaient la mémoire. Les nuages forment dans le ciel des blocs de cristal, le soleil, en tombant, s'alourdit, comme une rose avant de mourir, aussi charnue qu'un sein de femme sous une blouse de mousseline panthère YSL. « Ce sont des vêtements pour des femmes qui aiment l'amour », disait Jean Desailly à Françoise Dorléac, dans *La Peau douce* de Truffaut.

Son royaume, c'était ce grand atelier du merveilleux, ultime refuge. Un volume, des plans, deux pieds, deux jambes, une ligne d'épaules, et après, la magie d'un tissu révélant dans ses plis le mouvement du monde, cette aisance qui donnait aux mannequins de Christian Lacroix, lorsqu'elles passèrent au Centre Pompidou, le sentiment d'esquisser un pastel sur une feuille de dessin géante... Entre les bleus de Dufy et de Marquet, les roses ouatés de Watteau, les couleurs semblaient en partie immergées dans l'eau des rêves, entre la nuit et le jour, la fraîcheur d'un herbier séchant sur un manteau d'organza, l'éclat matinal d'un satin pamplemousse, le tourbillon bleu d'un jupon encre, comme un pavillon sous le vent. « Floridées de bord de mer, courmarines, flotteurs rayés, jardinages, luminaires, poudres, monochromes et mélangés ont l'air d'être ordonnés comme autant de points de repère, comme autant de bouquets pliés », annonçait le carton d'invitation.

En janvier 2009, ces bouquets s'étaient déployés en trente-neuf passages surgis chacun d'une vision intérieure, que les ateliers avaient interprétés, sans rien casser, sans rien raidir, de ruchés en bouillonnés, avec juste l'amour qui se donne, s'efface derrière la technique, rien que pour le faire apparaître, à la manière de ce tulle ennuageant la silhouette, de cette ceinture de plumes pour étreindre une taille, de ce flot de gaze vieil or éclairant un long fourreau sculpté de satin blanc. Mousseline « buvard » ombrée de magenta, pois de senteur en soie, tout frémissait, tout s'offrait en un parfum mêlé d'essences rares et familières, le souvenir des premières giboulées, et des roses de jardin fraîchement coupées, couleurs d'odeurs après la pluie, ou le matin tôt, chez un fleuriste, comme il y a très longtemps, Orève, à Passy, gouttes de lumière vaporisées sur cette époque en délit de fuite.

La haute couture avait cessé d'être un rituel. Elle se décomposait en une somme de rendez-vous improbables, hors du temps qui s'avançait, menaçant comme l'orage. On se calfeutrait à l'intérieur des salons privés comme à l'intérieur d'un cockpit. Loulou de la Falaise était comme l'une des dernières fées d'un royaume qui s'effaçait devant nous. De ces années d'apocalypse joyeuse, elle avait gardé l'intuition des enfants, la disponibilité absolue à tout ce qui pouvait arriver, sans peur, sans détresse. En couture, si on « mourait », c'était pour un centimètre, autant dire pour une vie.

J'avais retrouvé Loulou au défilé de Stefano Pilati, le directeur artistique d'Yves Saint Laurent. Dans la pénombre, elle était dans la lumière, au premier rang, non loin de Betty Catroux, le double androgyne d'*Yves*, toujours aussi gaie que blonde et fidèle à son jean de cuir noir. Après le show, Loulou repartit, Kate Moss accrochée à son bras. Je les revois comme deux oiseaux de nuit tout frémissants des secrets que les paparazzi n'auraient pu leur arracher. Au milieu de cette foule compacte, alourdie par les regards de pierre que chacun jetait à l'autre, le duo tranchait, insouciant, léger, en apesanteur, emportant dans un battement d'ailes, cet air de scandale qui les liait. Scrutée dans ses moindres faits et gestes par les tabloïds, Kate, affranchie de son job de *role model*, semblait ce soir-là hors d'atteinte, loin de tout ce qui lui collait à la peau, depuis l'ouragan de rumeurs liées à la « Cocaïne Kate ».

Loulou, la démone du Chalet des îles tournoyant sous sa couronne de songes, retrouvait l'aura de ses années Palace. Chacune se rechargeait dans l'autre. Kate Moss, cheveux tirés, cape noire, fêtait son retour dans ce club privé auquel sa blondeur désormais masquée d'un sourire de *celebrity* lui interdisait l'accès. Elles irradiaient, comme deux princesses au-dessus des mouches noires, ces photographes qui s'agglutinaient ce soir-là devant le Palais de Tokyo. Loulou, épouse éphémère de Desmond Fitzgerald, et Kate, l'ex-fiancée *border line* de Pete Doherty, avaient en commun ce trésor :

un sens de l'instant imperméable aux décennies et aux millions de dollars qui les séparaient désormais. Le temps, l'argent s'effaçaient pour ne laisser apparaître que leur complicité rock'n'roll. L'ex-muse, dont d'aucuns avaient cru bon fêter le retour – « *Loulou is back* » –, et Kate, l'égérie de la campagne « Parisienne » d'Yves Saint Laurent parfums, ne semblaient former qu'un seul et même personnage à deux visages. Loulou, telle qu'en elle-même, m'avait dit « chérie appelle-moi » ou quelque chose comme ça, me notant son numéro de téléphone, comme une star signe un autographe en oubliant son gant dans votre carnet.

Quelques semaines plus tard je pris rendez-vous avec Loulou… Elle partait le lendemain pour New York, et me pria de venir la retrouver chez elle. L'interminable été indien avait choisi ce jour-là de prendre le large. Paris semblait englouti sous une masse grise, humide, qui augmentait la mélancolie de ce jour, où j'appris que le magazine de mode *Spring* avait déposé le bilan. « Petit garçon blessé (…), je cherche la lueur d'une vie dans l'époque ; il n'y a que des cadavres, ectoplasmiques figures d'un port sans départ. Je ne cherche plus rien car rien n'est à trouver. Je regarde les gens lorsque la terre m'échappe, je les vois au passé[10]. »

Loulou avait officiellement mis sa marque en sommeil, mais continuait à signer des bijoux sous le nom de Loulou de la Falaise créations. Je me souvenais de son appartement comme d'un voyage entre Paris, New York, Venise et Marrakech. On pénétrait dans une cour, qui vous menait à un hall un peu industriel, fonctionnel et neutre, le genre d'immeuble Rive Gauche où l'on restait un mois ou une vie. Six étages plus haut, rien ne me sembla plus chic que ce bristol épinglé sur la porte d'entrée : « Loulou de la Falaise et Thadée Klossowski ». Le temps avait bruni l'encre sans l'effacer complètement.

Le palais mauresque s'était aristocratiquement empoussiéré, à la manière du chalet de Balthus à Rossinière. Un couloir étroit servait d'antichambre, avec entre autres des photos en noir et blanc de Loulou, alors mannequin, un pastel de Setsuko de Rola, sa belle-mère. On se laissait emporter dans un autre monde, peuplé de chimères. D'emblée on avait envie d'y croquer de l'ambre en babouches, de danser la bostella avec des bottes de velours pourpre. Dominant cet ancien studio d'artiste, un lustre géant aux breloques de cristal illuminait ce décor de château orientaliste, ses masques barbares, ses bougeoirs vénitiens, ses fauteuils de famille tapissés de chintz à papillons et d'autres, enfouis sous des couvertures berbères. Il n'y avait ni canapé, ni table basse, mais un lit dix-huitième tendu de velours rouge se reproduisant à l'infini dans ces miroirs anciens où se pavanaient des orchidées blanches. Une main semblait avoir ouvert les factures, quand l'autre les avait reposées à l'ombre du *Journal* de Valery Larbaud.

Loulou portait ce jour-là un pantalon kaki, un boléro de maille moutarde sur un col roulé amande. Elle me dit d'emblée : « Je n'entre plus dans rien. » Elle était passée du 34 au 37 et demi. « Tu me vois, boudinée dans du *vintage* ? Franchement c'est moche. » Thadée apparut dans une veste Harris Tweed couleur de ciel d'Irlande. Une valise noire, posée devant nous, semblait contenir leur vie de fêtes et de sortilèges : « Mes boléros brodés tombent en morceaux. Ils seront mieux chez Lesage », avançait Loulou. Puisque tout s'effaçait, que restait-il donc de « l'esprit Saint Laurent » ? Elle me parla de ces robes de « porteuse d'eau, couleur de boue », qui lui rappelaient ce qu'on lui avait dit, au Sahara : « Nos gens marchent droit. » Je revis dans ses yeux ces mousselines noires pareilles à un trait de khôl, je revis Amalia, Katoucha, l'encre d'un mouvement ininterrompu sur ce podium tendu de toile sable. Je revis tout, cette envie de désert, où le silence s'accordait aux rayonnements de l'or, une silhouette juste parée de deux manchettes en métal martelé. Je revis un moment Yves Saint Laurent, son histoire, notre histoire ; c'était un songe, un mirage sur lequel chacun imprimait une image dont il avait capté l'essence, ivre de ces rêves qui étaient les siens. Tout brillait en Loulou, présence de feu que le siècle n'avait pas consumée.

Loulou me servit du champagne dans un verre à vin à pied. J'aimais sa manière de dire « encombrements » pour parler des embouteillages, avec cette voix lente et amusée. J'imaginais que Tanger lui semblait plus proche que la Rive Droite. J'aimais sa manière de se composer un personnage comme on invente un rôle pour éviter l'ennui, et tout ce qu'elle jugeait « assommant ». Elle monta « se remettre du rouge » avant le déjeuner. Thadée restait là, avec cette valise, qu'il devait apporter à la Fondation Pierre Bergé-Yves Saint Laurent. Le temps s'arrondissait encore comme la place d'un village, à l'heure de la sieste. Thadée partirait donc plus tard. J'avais l'impression d'être dans un tableau de Balthus.

Loulou ne *twittait* pas, ne *chattait* pas. Son bureau était à la maison. Sa maison dans son bureau. Dans ses pots à bonbons remplis de rubans de satin, comme dans ces pierres éparpillées sur les étagères, ces bracelets marocains, et ces zinzins de bazar, je retrouvais un peu de l'esprit Rive Gauche, dont elle avait été l'incarnation absolue. Un bout de satin, une étole, un cabochon et tout scintillait dans sa main. Elle avait ce pouvoir-là, appliquant à la mode ce qu'évoque Jean-Francois Zygel à propos de la musique : « Quand on improvise, il faut être à la fois à son affaire et ailleurs, comme dédoublé. Il faut guider, conduire, construire au moment même où l'on joue... »

A soixante-deux ans, Loulou adorait sortir, s'amuser... Elle était sans doute la même, quarante ans et des poussières plus tôt, lorsqu'à Marrakech, loin des barricades et du Paris kermesse de Mai 68, elle jouait les Salammbô dans la maison du serpent, achetée par Pierre Bergé et Yves Saint Laurent, au cœur de la médina. Sauf que nous vivions un Mai 68 à l'envers. L'utopie s'était consumée.

Boss snappings, braquages, le feu était partout, dans les usines, les universités, la rue. Aux infos, on ne parlait que de *credit crunch* et de faillites. Plus de mille par mois au Japon, où les cadres jugés moins compétitifs étaient envoyés en stage de remotivation, vivant pendant deux semaines à quatorze dans un dortoir, dépouillés de tout bien personnel, pour réapprendre, à force d'entraînement et d'humiliation, les bases du « P & L » (*profit and loss*). A New York, les soldes « agressifs » de Saks en pleine saison avaient brouillé les pistes et mis beaucoup de présidents sur la sellette. « Les Etats-Unis sont en train de devenir un pays pauvre... » C'est avec ce genre de phrase que les Parisiens se rassuraient, certes en proie à un léger déséquilibre : « Tu en connais, toi, des gens touchés par la crise ? »

Au Ritz, une *dir com* m'expliquait qu'elle avait changé ses habitudes. N'achetait plus le « portant entier » chez Bonpoint. Allait plutôt chez Bonton. Et trouvait que l'urgence du « nécessaire » l'avait comme « nettoyée ». Au restaurant le Saut du Loup, l'épouse d'un magnat de l'écolo-business engagé dans le commerce équitable, me confia devant son café gourmand : « En général, on part un mois au bout du monde. Mais là, les valoches, j'en ai marre. Et pourquoi dépenser tout ce CO_2 ? Je suis mieux chez moi. »

Depuis la faillite de la banque Lehman Brothers, toute une époque avait volé en éclats, emportant avec elle son cortège de *waiting lists*, d'artistes de vernissages, et de *it bags*. Les botox parties à LA, arrosées de verres de Chardonnay, avaient cédé la place à des soirées « anticrise », où il était interdit de parler d'autre chose que du bonheur.

Les médias-planneurs ne planaient plus. Ils craignaient pour leur emploi. Les chasseurs de tête licenciaient. Quand on osait leur parler de personnes « d'expérience », l'aigreur se répandait, plus insidieuse : « C'est une excellente professionnelle. Elle a toujours ce problème d'alcool ? » Les mots flottaient, Cac 40, Bourse, Madoff, grippe H_1N_1 comme des déchets sur l'eau polluée par le doute et l'attente. A Paris, lors d'un déjeuner de presse joaillerie « *access* », les convives durent partager leur entrée à deux. Du jamais-vu. On rognait sur tout. Les macarons, les déjeuners, le coiffeur, les clientes huppées préférant désormais les salons où, « pour le même prix », on offrait un café et un massage du dos. D'autres n'hésitant pas à payer leur chauffeur avec des chèques emploi service. Il y a ceux qui n'osaient plus. Et ceux qui, « par-derrière », osaient encore, se faisant ouvrir une boutique Loro Piana la nuit, pour repartir avec des cachemire huit fils planqués dans des grands sacs shopping blancs. On ne savait plus ce qui était pire. Ceux qui avaient payé. Ou ceux qui se faisaient tout offrir. Dans la confusion, la suspicion régnait en maîtresse. Pour un peu, certains en seraient presque allés à comparer Michelle Obama à Imelda Marcos : n'avait-elle pas osé porter dans une *charity* des *sneakers* Lanvin à 540 dollars ? La petite famille était à cran. Le créateur d'une maison s'était fâché avec plusieurs grands titres. Une rédactrice consultante avait sans vergogne montré la précollection à un client italien qui l'avait intégralement « pompée ». Une autre fois, le créateur avait découvert dans un dépôt-vente le sac de la saison qu'il venait d'offrir à la responsable accessoires d'un grand hebdomadaire.

Yves Saint Laurent mort, quelque chose avait explosé de l'intérieur. Il ne protégeait plus personne. Mais où étaient donc passés les Montana, Mugler, Jil Sander, Hedi Slimane ? Ils n'étaient plus directement impliqués, ils travaillaient pour la mode, ou autour de la mode, mais ils n'étaient plus au centre. Certains couturiers quittaient leur maison, comme Martin Margiela. D'autres la voyaient agoniser devant eux. La maison Christian Lacroix qui n'avait pas trouvé acheteur, était en liquidation judiciaire.

C'est en juillet 2009, que le couturier offrit son dernier défilé au musée des Arts décoratifs. Requiem noir et vieil or, comme autant de silhouettes ciselées au fusain, volumes définis par les épaules, un caban boîte, une robe trapèze, avant un prêt-à-tanguer sur les vagues généreuses d'un drapé, d'une basque bouillonnée pour ces princesses byzantines, ces filles du feu. Là, un ruban rose volé à Manet, le craquant d'une duègne de Zurbarán, l'émoi d'une créature inspirée par une Vénus de Rachilde. Et pourtant, rien d'autre que lui-même, Christian Lacroix se tenait tout entier, devant cette salle en apnée, cette mousseline ciel, ce grand paletot aux reflets d'orage et cette lumière d'encens, ces veloutés inattendus, ces tourbillons de jais et de strass, ces robes pareilles à des icônes tour à tour profanes et sacrées, dans lesquelles les ouvrières semblaient avoir mis tout leur cœur et toutes leurs larmes. Mais à l'extérieur, on ne pleurait qu'une idole, Michael Jackson.

L'automne des sanglots longs arriva, malgré une canicule persistante. Dès le 17 novembre 2009, ils furent des centaines à se rendre chez Christie's, avenue Matignon : des marchands en veste Barbour, des antiquaires traînés par leur caniche, des femmes du monde, des anciennes clientes, des ex-proches, ceux qui disaient encore « Yves », ou « Pierrot » pour marquer familièrement leur lien avec le duo dont les trophées se réduisaient désormais à des lots. Plus de mille pour cette seconde vente. Les chambres de la maison anglo-normande de Benerville, décorée en référence à la *Recherche du temps perdu*, se réduisaient désormais à des plateaux d'une pièce de boulevard. Tout se télescopait. Le jardin d'hiver avait été comprimé dans un couloir de l'avenue Matignon, le bureau du 5, avenue Marceau n'était rien de plus qu'un garde-meubles provisoire, il avait perdu ses contours, sa forme, sa magie dont les miroirs – deux s'étaient brisés pendant le transport – avaient été les fidèles gardiens pendant plus de trente ans. « Ce que je préfère ici ce sont les fleurs ! » me dit un snob, pour s'excuser d'avoir été surpris en train de fouillasser dans un grenier de campagne. « Une vente ringarde et nostalgique », jugea une ancienne groupie qui s'essayait depuis treize ans à propulser un jeune créateur.

Cette fois, il avait disparu. Je le cherchais partout. Sous les drapés du numéro 1, une Diane chasseresse en pierre reconstituée. Derrière un paravent à cinq feuilles en cuir, sous une suite de quatre banquettes d'angle, quelque part, dans le mouvement sans fin d'un globe terrestre en papier mâché, sous des grands lustres de bronze aux pendeloques de cristal pareilles à des larmes géantes, partout là où il se refusait, comme un enfant qui se cache, prêt à briser tous les vases dont cette collection regorgeait. En se dérobant, il ne cessait de se révéler, tel qu'en lui-même, héritier de cette bourgeoisie éprise de meubles de style, de cache-pots et de canapés d'époque, cette bourgeoisie dont aucun siècle ne viendrait à bout et qu'il semblait aimanter, complice de leurs commentaires fusant entre les rafraîchissoirs à bouteille en porcelaine de Paris et les fauteuils de malade, les croix processionnelles, les médaillons « d'après l'antique », les lampes de lecture moderne, et les jardinières émaillées, les chauffeuses Napoléon III et les guéridons, dont ces visiteurs du dimanche jugeaient « les pieds trop fragiles ».

Ils étaient tout ce qu'il avait fui, les morceaux épars de lui-même. Je les reconnaissais à leur voix rêche, leur ineffable sens de l'à-propos. « Tiens, toi qui cherches des genêts ! » Ils auraient bien enchéri pour une paire de vases en biscuit, mais « pas au-delà des estimations basses ». Ils avaient tout le temps, car après eux, d'autres viendraient, qui leur ressembleraient, ils étaient là, comme ces services en porcelaine à la présence friable et encombrante, auxquels il fallait ajouter encore, une terrine et son couvercle, trois plats, sept bouillons, des tasses et des soustasses, ils se suivaient à la queue leu leu tels tous les cousins absents d'un homme qui ne recevait plus, et dont toutes ces ménagères, comme autant de chemises encore étiquetées sous des housses de plastique, de paires de souliers aux semelles trop neuves, dénonçaient l'absence. Une vieille dame essuyait une plainte. « C'est trop garni, ça donne le tournicotis. »

Ce fut la vente des petits porteurs, des anonymes au cœur lourd et au portefeuille léger. Une Américaine emporta un porte-parapluie pour 109 000 euros. Cette adjudication révéla tout ce que l'affect et la vanité réunis peuvent enfanter de plus émouvant, de plus inconsolable. « C'est pour vous, c'est contre vous... » J'étais dans la salle, mais j'avais choisi d'enchérir par téléphone, la voix du commissaire priseur et celle de mon « acheteuse » formaient un exceptionnel pas de deux sonore, je les écoutais, haletante, courant jusqu'au bout de mes forces, avant de m'écrouler, bien avant que le couperet ne tombe. « *Bidding.* » Moi, je ne suivais plus, le lot suivant m'échappa encore. La veille, un inconnu en chemise verte m'avait volé « mon cœur », un presse-papier en cristal de roche finalement adjugé 3 500 euros. Le théâtre Marigny ressemblait à un tribunal, avec derrière le pupitre noir, plus de trente personnes accrochées à leur téléphone. Dans la salle aux allées dégarnies, je vis passer Bernadette Chirac, Pierre Le-Tan, Pierre Passebon, avec son catalogue hérissé de Post-it. Pierre Bergé était là, avec Moujik au troisième rang. Les enchères se poursuivaient, « Vous en voulez Pauline, rapidement ? », 13 h 15, je revois Pierre Bergé remonter l'allée d'un pas de magistrat, avec son pardessus en cachemire camel, de la même couleur que son chien. Il venait de fêter ses soixante-dix-neuf ans. Il avait, au dernier moment, retiré de la vente la Mercedes qui deviendrait la sienne, conduite par l'ex-chauffeur d'Yves Saint Laurent. Et le ballet continuait : « Je vous rappelle que le vase n'est pas antique… » L'ensemble de la vente fut reversé à la recherche sur le sida.

Quand l'artiste Adel Abdessemed me parle de sa tante, je pense à Yves Saint Laurent : « J'avais quatre ans. Je vivais en Algérie. Une tante s'habillait avec des pantalons pattes d'ef et des sandales compensées. Elle a eu un amant. Mon oncle l'a rasée et enfermée. Je ne l'ai plus jamais revue. »

L'avenir s'était éparpillé devant nous, il avait laissé flotter au large des envies de renaissance. Il appartenait à chacun de les saisir. D'oublier ses habitudes pour se déployer, en phase d'autres nouveaux « nouveaux mondes », l'Inde, la Chine. Certains conseillaient de regarder bien droit devant soi, pour ne pas s'alourdir. D'autres faisaient le gros dos. Mais on ne savait pas exactement ce qui était fini et ce qui avait commencé. La maison Christian Lacroix était officiellement fermée. « Ce n'est pas la fin d'une PME, c'est un rêve qu'on assassine ! » déplorait le magazine *Elle*. Le conflit existentiel entre la « poésie et le marketing », qu'allait évoquer Alain Chamfort dans son CD dédié à Yves Saint Laurent, ne faisait pourtant qu'isoler une fois de plus la France, de plus en plus désindustrialisée. Avec ses réglementations rigides, elle ressemblait parfois à la grande dame de province égarée au cœur d'un marché mondial soumis à une concurrence de plus en plus forte. Les touristes venaient pour y dépenser de l'argent, les pauvres pour y percevoir des allocations, les riches fuyaient en Belgique, ou en Suisse, furieux d'être trop *taxés*. Les cerveaux quittaient l'Hexagone. On montait et on démontait les marques aussi aisément qu'un Lego.

La mode était l'un des derniers milieux où l'on n'avait pas besoin de montrer sa carte d'identité française pour réussir. C'était souvent, d'ailleurs, ceux qui avaient rêvé de la France qui la révélaient le mieux. Il était temps pour l'excellence nationale de retrouver, à l'intérieur de sa propre histoire, les principes fondateurs de son avenir. Non pas en parodiant, en dupliquant le passé, mais en intégrant au présent des éléments susceptibles d'être enrichis, développés.

« Mon arme est le regard que je porte sur mon époque », affirmait Yves Saint Laurent. Ce n'est pas lui-même qu'il contemplait dans le miroir. Mais tout ce qu'il rendait visible et possible en dehors de lui. Les fêlures comme la perfection. En dix ans, le triangle d'or était devenu une gigantesque galerie des glaces décomposée en bureaux où sévissait la violente divattitude. Hedi Slimane avait raté le coche, il n'avait pas signé avec LVMH pour créer une maison à son nom. La promiscuité entretenue au cours de ces années entre la mode et l'art contemporain avait brouillé les pistes. Les artistes avaient produit pour satisfaire les envies saisonnières de shopping des collectionneurs. Trop de créateurs de mode s'étaient pris pour des œuvres d'art. S'ils avaient écouté un peu plus les chefs d'atelier réduits à de purs exécutants, ils auraient peut-être fait produire moins d'invendables horreurs. Trop de talents s'étaient consumés dans des luttes de pouvoir. Il faudrait bien, une bonne fois pour toutes, qu'on en finisse avec le cliché romantique opposant le créateur génial victimisé au redoutable *cost killer*. Que des projets naissent, et renaissent, dans la confiance, le respect mutuel, au service d'un rêve partagé : habiller les femmes.

Le mois de décembre s'étirait sous un édredon de neige. On préparait ses cartes de vœux, en se souhaitant plein de portables éteints et de promesses à tenir. Comme dans le Dubaï de la banqueroute, rien n'était annulé, tout était « reporté ». Pourtant, ici et là, la lumière était revenue. Des maisons sortaient renforcées. Louis Vuitton, Hermès, Chanel, avaient vu leur chiffre d'affaires résister, et même s'envoler. Et puis les ateliers couture étaient au travail. Paris resterait toujours l'éden.

Il y avait Karl Lagerfeld, une capacité extraordinaire à rebondir, passer de l'encyclopédisme des Lumières à une série de photos de Beth Ditto, Cat Power, ou Lily Allen, du studio Chanel au studio 7L, où des assistants retouchaient en direct les images qui seraient imprimées dans la nuit par Steidl pour le dossier de presse haute couture Chanel. Sa mémoire était ce qu'il avait de « plus cher ». Mais il ne se retournait jamais, sa vie rassemblait à un défilé d'instants. Il avait réponse à tout, avec esprit, il incarnait l'omnimode, il avait tout connu, l'après-guerre et le Palace, il avait remplacé son éventail par des mitaines de cuir noir, il dessinait, il écrivait, rien ne semblait l'atteindre, ni l'hiver, ni les décalages horaires, il ne buvait pas, ne se droguait pas, le marathonien faisait de chaque saison un sprint, c'était Warhol chez Falbalas, Andy chez Fendi, l'austérité de sa vie n'avait pour égale que sa prodigieuse disponibilité au présent, on disait : « Il ne mourra jamais. »

Je suis revenue à la Fondation en décembre 2009. Un bleu printanier éclairait un ciel de glace idéal pour faire voler l'hélicoptère Agusta de Pierre Bergé. Le monde vivait entre l'attente et la peur de nouveaux attentats. L'hiver s'étirait dans le silence et les doutes. On était entre deux. La fin de la crise ? Beaucoup de gens étaient partis. Ils avaient déserté la capitale. Le bureau d'Yves Saint Laurent avait disparu, il était devenu celui de Philippe Mugnier, directeur de la Fondation Pierre Bergé-Yves Saint Laurent. Géographiquement, il était bien là, mais il n'y avait plus rien. Des placages de chêne au mur, de la moquette verte, une table, j'admirais la rapidité avec laquelle les ouvriers avaient mis en œuvre une devise : « Il faut transformer ses souvenirs en projets » (Pierre Bergé).

La « manutention », cette pièce autrefois réservée aux tissus, est une salle aux milliers de classeurs noirs. Une stagiaire mangeait ses nouilles chinoises, l'œil fixé sur son ordinateur portable. Où mettra-t-on toutes les coupures de presse de la prochaine exposition, la grande rétrospective prévue au Petit Palais, une « vision panoramique des quarante ans de création d'Yves Saint Laurent » ? Il faudra encore et encore de la place, pour la Foire aux Vanités, David Hockney, Richard Avedon, toutes ces expositions prévues à la Fondation entre 2010 et 2011. De l'air, de la place. Au premier étage, dans le couloir, un peintre en bâtiment était en action. Une odeur de white spirit se répandait partout. Le studio de Monsieur n'était pas resté vide longtemps. A l'intérieur, il y avait plein de robes, sur des portants. Elles se tenaient là, avec leurs pompons d'or et leurs secrets rembourrés de soie. Elles étaient comme les fées d'un bal à venir cachant encore les secrets d'un homme, qui avait épinglé sur le côté, le portrait de James Dean. C'était cette générosité qui rendait les robes, au-delà de leur splendeur, aussi aimables. Riches d'émotions passées et à venir. Pour lui avoir confisqué sa jeunesse, elles lui laissaient, comme on dit en couture, de « la ressource ». De leur présence s'échappait la joie calme, puissante de tout ce qui séduit, enchante, au détour de ces pays qu'on croit connaître et qui vous réservent à chaque voyage tant de surprises.

D'Alber Elbaz, Pierre Bergé avait reconnu qu'il était l'un des derniers à « servir les femmes ». Chaque défilé de John Galliano, ou d'Alexander McQueen, explosait en une claque de lumière. Au cœur du marasme, son défilé printemps-été 2010 avait créé une émotion unanime. Les premières d'atelier le respectaient, car c'était à leurs yeux « un excellent technicien ». Il était l'un des rares, avec Azzedine Alaïa, Pierre Cardin, à savoir couper un vêtement. L'avenir appartiendrait à ceux qui iraient jusqu'au bout de leurs obsessions. En France, le plus riche de tous, Pierre Cardin, ce « citoyen mondial », se définissait comme un « rescapé ». Né en 1922, il semblait capable de redonner de l'énergie à une armée entière : « Il faut croire en soi-même. Traverser la forêt. » Il continuait à signer ses chèques, à affirmer : « Le corps est une colonne que je mets dans un vase. Il devient une forme. » Oscillant entre une quête de valeurs sûres, et une envie de surprises, d'éblouissements, la mode réaffirmait ses partis pris. D'un côté la revanche éclatante d'un savoir-faire maîtrisé de manière absolue, après des années de délocalisation massive. De l'autre, le pari de l'éblouissement, de l'étonnement, du risque. C'est en se réappropriant leurs doutes que les créateurs redeviendraient plus forts, plus sûrs d'eux-mêmes. Le temps de l'utopie reviendrait, Boltanski me l'avait promis. Il fallait juste accepter de briser nos tabous : « Il y a un refus complet de la mort. On ne meurt plus, on vous débranche. Autrefois, l'enterrement était un endroit où les gens se rencontraient. On mourait en bonne santé. Aujourd'hui, l'idée que la mort soit tangible à l'intérieur de la vie a disparu. »

Même certains banquiers affirmaient que le plus grand risque c'était de ne pas en prendre.

La couleur du printemps-été 2010 serait le nu. Après dix années de bluff, rien ne semblait plus appétissant que le métier, cette autorité de la compétence qui avait tant fait défaut à cette décennie d'egos et de logos. Par métier, on entendait tous les métiers et pas seulement celui de directeur artistique, starisé à l'extrême.

Désormais, les noms qui étaient devenus des griffes voulaient éviter l'écueil : devenir des marques. L'expérience humaine marquait ses nouveaux rendez-vous avec l'Histoire. A l'auditorium de LVMH, Pierre Cardin expliquait comment, premier d'atelier, il avait réalisé le tailleur Bar de Christian Dior, et entre autres, le costume de lion imaginé pour un bal Beaumont. Un lion ? Derrière le masque, on aurait pu reconnaître Yves Saint Laurent. Les fantômes se dédoublaient. Il fallait renaître. Il fallait se reconstruire, tout reconstruire, sur des bases classiques, qui passeraient un nouvelle fois, encore et toujours par le sens de l'observation, du trait, de la construction, ce sens du fini et du parfait dont parlait Dior, mais qui avait déserté la France, faute de projet, de valorisation de tous les métiers dits manuels. De Chanel à Hermès, les grandes maisons étaient des écoles. Une génération ne demandait qu'à éclore. Mais c'étaient aux maîtres d'assumer les honneurs du temps, et non plus de les esquiver, en formant, en transmettant, en acceptant l'idée qu'un avenir puisse exister après eux. Tous aimaient ce métier à la folie. Ils avaient en commun cette passion que le compte à rebours d'une collection révélait sous toutes les coutures. A contre-courant des dégaineurs de recettes, des *toy boys* et des imposteurs du goût unique, tous savaient que le rêve serait une promesse pour ce monde de colère et d'oubli :

« Car sur la muraille lézardée des nuages, venait de ses dessiner un magnifique arc-en-ciel, et il portait leurs larmes jusqu'à Rachel, leur mère, dans les sept couleurs de sa lumière[11]. »

Survint le choc de ce 11 février 2010. A Londres, le suicide d'Alexander McQueen, trois ans après celui de sa muse, Isabella Blow. « Il a choisi la liberté suprême », affirmait Karl Lagerfeld au *Figaro*. Yves Saint Laurent redoutait les oiseaux. Ceux d'Alexander McQueen, s'élançaient, les ailes de paradis plombées dans leur envol par des fers à talon. Leur mouvement semblait prendre fin, dans ces chaussures construites comme des prisons moyenâgeuses. Les cheveux d'enfant s'entortillaient dans les cornes du diable. God save McQueen.

L'histoire d'un fils de taxi londonien promu directeur artistique de Givenchy, puis créateur d'une griffe à son nom, dans l'écurie PPR. Il avait quarante ans. Lui, le Leigh Bowery de la mode encombré par ce physique de boucher cockney qu'il avait, en dix ans, tenté de modeler, de gentryfier, de lisser, comme on déplume un vautour, son animal favori. Pour en faire jaillir toute l'épouvante, dans ce défilé de l'automne-hiver 2009 aux bouches sanguinolentes de lipstick. McQueen dont les défilés spectaculaires avaient aimanté les fascinations d'une époque comblée de tout, mais privée de l'essentiel, cette capacité à rêver, qu'il allait chercher au tréfonds de lui-même, du côté de ses paradis artificiels comme de ses terreurs nocturnes. Et d'une incroyable rigueur héritée de sa formation de tailleur à Savile Row, chez Gieves & Hawkes, quand il glissait des messages punks dans la doublure des vestes de traders. Mais la lame du coupeur s'était retournée contre lui. A la veille des défilés du printemps-été 2010, et du sien, annoncé pour le 9 mars à Paris, sa mort écorchait le monde de la mode, comme le cri de Tippi Hedren dans

Les Oiseaux d'Hitchcock. Sa mère venait de mourir, quelques jours plus tôt. Le cri d'Alexander McQueen s'ajoutait à tous les autres, dans ce deuil douloureux qui pose à tous les garçons dont les enfants sont les collections, et les amies, des miroirs, la question d'entre toutes : à quoi sert de vivre, si l'on n'est plus un fils ? l'élu ? le fils unique du monde ?

La mère de Pierre Bergé avait 102 ans. Celle d'Yves Saint Laurent, 96 ans. « Je veux que vous gardiez d'elle l'image de celle que vous avez connue », m'avait dit Brigitte, la sœur d'Yves. Lucienne ne reconnaissait plus personne. « Parler d'elle c'est comme extraire de mon coeur une substance qui me fait mal », m'avait écrit un jour Yves Saint Laurent. Le temps s'effilochait sous un soleil que les astrophysiciens disaient aussi un peu malade. Yves Saint Laurent n'avait jamais enfermé les femmes dans son propre désespoir. C'était un alchimiste.

Ses robes n'étaient que des promesses de bonheur. Les gardiennes d'un temple, d'une histoire encore si obsédante, brillant autant dans la nudité de l'ombre que sous les feux de l'actualité. François-Marie Banier et Liliane Bettencourt, parmi les premières clientes de la maison de couture, en 1962. Dans les carnets de commande, toute l'histoire de ses quarante années de création défilait encore, on trouvait, à côté de ceux de Nan Kempner, Hélène Rochas, Elsa Schiaparelli, ou la duchesse de Windsor, un homme, et pas n'importe lequel : Mick Jagger, le « voisin » de la rue de Babylone, qui, en 1971, avait commandé des modèles de la collection 40, comme ce renard blanc livré à l'hôtel des Beaux-Arts. Son appartement, situé deux étages au-dessus de celui d'Yves Saint Laurent, avait été entièrement insonorisé.

Le duplex de 700 m^2 d'Yves Saint Laurent avait été mis en vente 20 millions d'euros. Nicolas et Carla Sarkozy l'avaient revisité, mais on chuchotait que le président n'avait pas forcément de « *sympathy for the Devil* ». La saga n'était pas finie, elle se poursuivrait dans l'espoir de tous les matins neufs du monde, mais aussi dans tout l'avenir qu'Yves Saint

Laurent avait offert à ceux qui regarderaient le ciel, la mer, les corps dansant sous le soleil, un amour plus infini que toutes les leçons et toutes les peines. A Alber Elbaz, à Marc Jacobs, le directeur artistique de Louis Vuitton, qui jouait brillamment avec tous les codes, doué de cette irrévérence qui les renforçait encore, capable de transformer d'une manière assez pragmatique une image en un produit « icône ». « Je suis tombé amoureux de Paris », devait-il dire rue de Valois, lors de sa remise des insignes de chevalier des Arts et des Lettres, en janvier 2010.

Un jour, avenue Marceau, je m'étais retrouvée entre Pierre Bergé et Yves Saint Laurent, chacun me tirant par le bras. « Vous viendrez déjeuner chez moi, Laurence... » J'étais comme électrisée par deux courants contraires qui n'en formaient qu'un. Chez Pierre Bergé, je me souviens avoir mangé des légumes, parce qu'il pensait que j'étais végétarienne. Et chez Yves Saint Laurent, une omelette norvégienne, un dessert de palace ou d'ambassade digne d'une parure servie sur un gigantesque plat en argent, une *pâte à succès* fondant sous de la meringue française ornée de quelques fruits fantaisie. On dit que la recette a été inventée par un Américain. Yves Saint Laurent est parti, comme on part en voyage. Même ses proches affirment encore que c'était un joueur, un truqueur. « Il calculait tout. Rien n'était laissé au hasard. Il avait toujours des hauts et des bas, mais agissait toujours dans la maîtrise... » Si c'était un comédien, il avait cru à son rôle, plus qu'à tout. Son histoire est celle d'un hérétique croyant. Comme le magicien de Lublin, il a joué, dansé entre les ombres et les fantômes, et toutes les femmes l'attendaient. C'était un funambule inspiré. « Esclave de ses passions, il s'était jeté dans un filet qui s'était resserré sur lui », écrivait Singer à propos de Yasha. Autour d'Yves Saint Laurent, bien des mystères demeurent. Et j'aime les effleurer, en feuilletant l'album de la *Vilaine Lulu*, dédicacé – lors de sa réimpression en version XL – par Monsieur : « Pour ma Laurence, pour s'amuser un peu en pensant à Moi... Avec toute ma tendresse. Yves ».

Epilogue

Alléluia

29 janvier 2010. « Ecrivain de quoi ? » me demande le tamponneur de passeports. « De mode. » En arrivant à l'aéroport de Marrakech-Menara, j'ai l'impression d'être sous la jupe de Madame Matisse. Le ciel forme une coupole parfaite, d'un bleu dur et froid. La foule bariolée des années Saint Laurent s'est comme dispersée le long du boulevard Mohammed VI, long de douze kilomètres, ou de la route de Fez, flanquée de dizaines de villas-kasbahs à vendre, que colorent ici et là les néons saphir des stations-service Afriquia. Riche de ses luxueux ryads – négociés jusqu'à trois millions d'euros –, la Palmeraie est devenue une sorte de petite Californie berbère climatisée, l'éden du standing cinq-étoiles avec *briwattes* au caviar, massages au sable du

Sahara, expéditions dans le désert en avion privé. Au loin, les montagnes roses de l'Atlas semblent dessinées en trois D sur un écran plasma. « Soyez les bienvenus » nous dit le chauffeur qui nous rappelle que le Jardin Majorelle n'abrite pas une maison d'hôtes. Sur sa fausse Hublot, il est quinze heures. Le 4X4 or circule sur les larges routes où pas un détritus ne traîne, un circuit à ciel ouvert.

Marrakech était un club. En dix ans, elle est devenue une destination de proximité pour la iPhone *society* en *baby* cachemire. Un paradis immobilier où l'appel du muezzin résonne jusque dans les nouvelles villas privées de la Mamounia, à 8 000 euros la nuit (quand le salaire moyen reste à 220 euros par mois). Marrakech. Une ville prospère, où une nouvelle classe moyenne, enrichie par le tourisme, parade en famille : un couple, lui en blouson de cuir et cellulaire, elle avec un sac griffé, deux enfants, comme des répliques miniatures aux silhouettes rembourrées. A Marrakech, Zara voisine avec McDonald's. La vision de la *nouvelle ville*, avec ses filles en jean et tête voilée chevauchant un scooter, tranche avec le spectacle éternel de la ville rose : des enfants jouent avec un bâton de bois à poursuivre les chiens blancs, les chats sauvages rongent les poubelles, les marchands d'œufs sont encore là, à minuit, à côté de leur vélos rouillés et des boucheries où pendent, à l'air libre, des pièces de bœuf presque marron. Des hommes assis attendent. Des femmes en cafetan tâtent des clémentines à feuilles. Les aiguilles du temps se recouvrent de poussière.

Partout, des voitures. Des camionnettes noires pareilles à celles de l'avenue Marceau, au temps de la maison de couture. Seules les lettres ont changé. « Le Saint Germain. Sandwicherie Fine. » Marrakech en version gentryfiée. Tout me semble lisse comme les panneaux des résidences de prestige à vendre. Nous arrivons avenue Yacoub el-Mansour. Des grappes de touristes se forment devant la grille de ce jardin conçu par Jacques Majorelle, ouvert au public en 1947. Le fils du célèbre ébéniste, admirateur de Matisse, et réformé pour des raisons de santé, mourut en 1962.

Comme de fait exprès, ce fut l'année de l'ouverture de la maison de couture Yves Saint Laurent. Majorelle avait longtemps voyagé, en Espagne, en Italie, en Egypte, avant de se fixer pour toujours au Maroc et de s'établir dans une demeure construite sur un terrain d'arbres aimant l'eau, la Villa Bou saf-saf (peupliers en arabe). Le peintre de genre réserva le meilleur de lui-même au jardin jouxtant la maison. Un orage de lumière cobalt, une signature bleue – le fameux bleu Majorelle fait d'outremer et de violet –, un bain fou de Méditerranée et de ciel, dans lequel ses scènes villageoises, ses évocations littérales et studieuses des kasbahs de l'Atlas, semblaient trop à l'étroit. Au cœur de ce théâtre d'eucalyptus et de caroubiers, la nature surnaturellement recomposée allait devenir l'œuvre absolue d'une vie. Œuvre pourtant menacée par les promoteurs qui convoitaient le jardin pour en faire un hôtel de luxe. C'est ainsi qu'après avoir acquis la « villa rose », Pierre Bergé et YSL décidèrent d'acheter en même temps que la villa du peintre (rebaptisée Villa Oasis), le lieu à l'abandon. Ils ignoraient que trente ans plus tard celui-ci serait l'un des jardins les plus visités du monde.

Dès l'entrée, l'ombre aspire le visiteur pour l'immerger dans un paysage bleu, vert et jaune plus strident que le chant des rossignols d'Orient. On a l'impression d'être à la fois au fond d'une mer tropicale, et parmi les arbres-vie du film *Avatar*. Pendant la période qui suivit la mort de Majorelle, les visiteurs y arrachaient les bambous pour en faire des cannes à pêche. Aujourd'hui, ils y tracent des cœurs transpercés d'une flèche. Les visiteurs donc : 600 000 par an, soit dix pour cent du nombre des touristes de la tour Eiffel. Comme les arbres, ils viennent des cinq continents. Du temps d'Yves Saint Laurent, il était fermé entre 12 h 30 et 14 h 30 : le couturier se promenait dans ce labyrinthe étourdissant de palmiers, de cactées, de bambous et de fougères arborescentes, se déployant dans une forêt un peu irréelle.

Avant d'arriver, je pensais entendre le coassement des grenouilles, voir surgir des tourterelles turques des frondaisons, et des paons faire la roue sous les jasmins. « Je me les caille ! » Des ados en baggy défilent parmi les poussettes et les couples d'amoureux qui se font photographier devant le Mémorial Saint Laurent, indiqué d'un panneau de bois vert jade gravé. Situé dans un étroit patio de verdure, entre la forêt de bambous et la collection de palmiers, le Mémorial se tient sous la forme d'un cube de pierre ocre, un pot de fleurs à chaque angle. « Silence. » Un autre panneau plus petit, met en garde le visiteur. Silence ! Dans ce mot, j'entends la voix de Pierre Bergé, avant le défilé d'Yves Saint Laurent. Conçu par Madison Cox, l'architecte paysager, le socle est hérissé d'une colonne romaine, un vestige retrouvé dans la Villa Mabrouka de Tanger. Sur le fronton, la plaque de marbre blanche, « Yves Saint Laurent, couturier français... », m'évoque un pansement d'immortalité. Les cendres ont finalement été dispersées à la louche de bois par les proches, dans la roseraie du couturier. Il y a deux bancs de part et d'autre, mais personne ne s'éternise. Le flash argenté des Panasonic nargue le soleil.

Le grand lion dort. Yves Saint Laurent est là, je le ressens partout.

Avec lui, Marrakech demeure un rêve orientaliste que des Français à la sensibilité de dandys ont façonné depuis les années soixante-dix, là, dans ce « resort » qu'ils ne reconnaissent plus, mais dont ils sont, les derniers guides esthètes. Ils ont aimé à la folie Village People et la Callas, là où les autres, les nouveaux, *kiffent* en écoutant David Guetta sur leur tapis Technogym. Ces Français avaient découvert Marrakech à travers Loti, dont Pierre Bergé a fait relier les œuvres complètes sous des couvertures de serpent. Ce sont eux qui vont chercher les artisans, pour leur donner à illuminer des nappes de lin de fil d'or, leur faire construire des fontaines de féerie, ou ciseler finement le cèdre, autant de trésors de savoir-faire en voie de disparition, éclipsés par les paniers grossièrement brodés, les montagnes de babouches *made in China* et les lanternes de fer forgé des souks. Ils sont les derniers témoins de cet *aquarius age*.

Yves Saint Laurent est là, dans cette boutique, où les djellabas en liberty créés par Fadila el-Gadi, les stylos-billes enroulés de fils de couleur, les babouches aux mille et une fleurs chantent un refrain familier et neuf. Je me promène dans ce dédale de verdure admirablement entretenu. Soixante-sept personnes y travaillent à temps plein désormais. Une salle de prière a été aménagée sous les canisses pour le personnel. Depuis 2009, le jardin a été juridiquement rattaché à la Fondation. Les entrées, le café et la boutique autofinancent le fonctionnement.

Sous les orangers, je commande un « thé bleu oriental Princesse ». Dans ce café Majorelle aux chaises de fer émaillé, je me sens plus à Marrakech que dans les gros fauteuils néo-mauresques de ces palaces griffés aux puissants parfums d'ambiance, et dont la liste n'en finit pas de grandir, plus haute que les Washingtonias de la Villa Oasis : Banyan Tree, Beachcomber, Obero, Four Seasons, Noura Barrière...

Le musée d'art berbère est en rénovation. Il doit accueillir une exposition sur « Yves Saint Laurent et le Maroc ». Au-dessus du café Majorelle, Pierre Bergé s'est fait aménager un petit appartement, qu'on appelle « La Péniche ». Il ne l'habite plus, car depuis la mort d'Yves Saint Laurent, il a réintégré la Villa Oasis, où des travaux d'aménagement sont en cours, comme la création d'un ascenseur. La chambre du couturier disparu est devenue la sienne. Toute la cinémathèque YSL défile devant mes yeux. Entre *Soudain l'été dernier*, et *La Mort aux Trousses*, me voici à l'intérieur d'un mirage, les personnages reviennent un à un, inchangés, malgré le temps, fidèles des fidèles du clan. C'est Quito Fierro, qui préside aux destinées du lieu, Bernard Sanz, directeur artistique de la boutique, ou Madison Cox, artiste paysager, le fidèle complice de Pierre Bergé. De tous les trois, c'est le plus beau, le plus vigoureux, celui dont le nom, autant que les cheveux blonds, le regard bleu acier, finement cerclé de lunettes d'écaille, vous donnent immédiatement envie de vous redresser.

Yves Saint Laurent ne voulait rien changer, il refusait d'entreprendre toute forme de rénovation. C'est à Madison Cox[12] que revient le magistral lifting végétal du lieu : subtil agencement de bassins rectangulaires, remplacement du gazon trop assoiffé par du gravier rose, plus écologique, tapis de micro-pierres roses sur lesquelles surgissent des dizaines de cactus de toutes formes, de toutes tailles, comme autant de tiges, qui me rappellent, fugacement, les dessins érotiques de Jean Cocteau, ce livre blanc réédité par Pierre Bergé dans les années quatre-vingt. Une danse inassouvie de la nature comme l'allégorie du désir masculin.

Me voici arrivée dans la Villa Oasis, sur je ne sais quel tapis volant. J'ai honte d'être venue en baskets. Un mur est vide. Il manque la laque de Dunand, en restauration à Paris. Et quelques pompons de passementerie qu'affectionnait Yves Saint Laurent. Mais tout est là. Le Dufy, les sabres d'argent, les coussins en kilim, les têtes mauresques aux mille colliers d'ambre et de corail. Les zelliges et les stucs, la cheminée redessinée d'après celle de la maison du Serpent, des trois, celle où il fut sans doute le plus heureux. Tout ce qui survit, dans la lumière et le travail de ces hommes attentifs à entretenir ce lieu. Si l'antre de la rue de Babylone impressionnait par la quantité des chefs-d'œuvre accumulés, cette maison est bien plus qu'un mausolée. On y devine, comme dans la Frick Collection de New York, l'atelier de Gustave Moreau à Paris, la maison Bialik à Tel-Aviv, l'âme de ceux qui y ont conversé en silence avec la beauté. Yves Saint Laurent, mais également Majorelle, le peintre errant avec lequel il avait sans doute tant d'affinités. Un artiste dont la notoriété reste liée à une œuvre encore plus « traître » que la mode, cette villa, ce jardin qu'il faut entretenir, pour qu'ils ne meurent jamais d'abandon. Dans cette maison, j'entends, comme devant le spectacle mélangé du rare et de l'art populaire, l'écho du style Rive Gauche, les cafetans rustiques rebrodés, les cordelières ceinturant les blouses roumaines.

Rien n'a changé, même si tout a changé. Les métamorphoses subtiles du lieu relèvent d'une exigence haute couture. Une fontaine a été complètement refaite, mais rien, aucune trace visible, ne démarque l'ancien du neuf, pas plus que l'original de la copie, à commencer par les stucs et les zelliges refaits par Bill Willis d'après les originaux de Majorelle, comme d'authentiques et imperceptibles doublures. Yves Saint Laurent n'aimait déjeuner qu'à l'intérieur, dans sa salle à manger. Un petit kiosque a été construit, pour profiter de la douceur des soleils d'hiver, à midi.

Du temps d'Yves Saint Laurent, on ouvrait la petite fenêtre, située au bout de son jardin particulier. Sa manière de saluer. De dire « je suis là ». La roseraie est en travaux. Des bacs de terre attendent la floraison du printemps. On dit que la Villa Oasis ne devrait plus être ouverte que sur rendez-vous, à quelques visiteurs choisis. On parle également de l'inauguration d'une rue Yves Saint Laurent à Marrakech par le Wally pour le deuxième anniversaire de sa mort, en juin 2010. A

Paris, les riverains de la rue Léonce-Reynaud ont refusé qu'on change le nom de leur artère, prétextant l'ennui causé, entre autres, par la paperasserie, les en-têtes à changer, etc.

Un an et demi s'est écoulé depuis la mort d'Yves Saint Laurent. Les chercheurs admettent qu'on a encore beaucoup de mal à comprendre le passage du temps. Un an et demi déjà, un an et demi seulement ? Tout a passé très vite et très lentement, sans doute à cause de la crise, des restrictions, qui ont tétanisé les désirs et refroidi les cartes de crédit. On ne sait plus trop bien. Tout repart à toute allure. L'orgie de dépenses est à la hauteur des frustrations accumulées, de peur d'une nouvelle dépression. Un magnum de champagne Krug vient de triompher à la une du *New York Times*. Les bonnes affaires fleurissent à nouveau. Les mêmes qui hier traquaient la *start-up*, se dépêchent d'acquérir des maisons au bord de la saisie, de prendre des parts à moindre coût dans des sociétés en menace de banqueroute. Au sentiment de « fin du monde » qui a paralysé les dépenses en 2009, succède le temps de la fébrilité qu'éprouvent tous les convalescents. On dépense à nouveau, avec une peur d'hypocondriaque en cavale. On « claque » donc, mais plus de la même façon. La seule chose, c'est qu'on ne s'en vante plus.

Entre les diamants papillons et les abeilles joaillières de la place Vendôme, la haute couture décline ses pastels en boucle, comme autant d'avances polies à la « femme distinguée », dont la première dame de France est devenue l'incarnation.

Exit la folie logo : on ne jure que par l'ADN. Dans l'univers du luxe, c'est tout juste si les chefs marketing ne portent pas de blouse blanche. Il faut trouver la formule : provoquer les caprices du plus grand nombre tout en rassurant les plus riches sur la certitude que, même gâtés, ils ne deviendront pas des boucs émissaires.

En l'absence de véritable direction, la mode part dans tous les sens, elle est partout, nulle part, la *flying fashion* picore d'un appétit d'oisillon ses inspirations quelque part, entre l'Europe, l'Afrique et l'Asie, hors de tous chemins tracés, sans direction, *light, pure, cleanissime.* A côté d'elle, tout pèse. Tour à tour parodique et figée, se propulsant avec difficulté dans un avenir aux contours usés (le blanc, le style sidéral), la haute couture porte en elle le fardeau désespéré d'une absence.

On continue à nous abêtir, en disant qu'il faut faire la place aux jeunes. Je dis qu'il faut faire la place aux bons. A ceux qui ont une histoire à raconter, et qu'ils transforment chaque saison en une collection de désirs. Mais trop de collections ont tué le désir.

La mode vit à l'heure du snacking ; dévorée par les ambitions des uns et des autres, elle écrit son histoire, avec pour unique moteur les événements people dont elle est l'alibi médiatique. On en est là : Tom Ford à Hollywood, Courteney Cox habillée par Victoria Beckham, et Angelina Jolie créatrice de joaillerie.

Je repensais à Pierre Bergé, qui venait d'acheter la librairie les Colonnes à Tanger, où il avait fait aménager son dernier refuge, la maison de l'Africain. Tout me revenait. Ces mots qu'il avait prononcés, la veille lors du dîner de la mode donné au profit de Sidaction, dont il était le président. La fatigue du temps, autant que les tardifs plaisirs de la vie avaient comme apaisé son visage. Dans son costume gris de grand serviteur de la République, Pierre Bergé collectionnait tous les rôles. Orateur hors pair, capable de demander aux gens de la mode de l'argent, tout en se rachetant moralement, lui qui avait été parfois si injuste à leur endroit. Ses mots tant redoutés ne se cognaient plus. Ils s'amortissaient les uns contre les autres, capitonnés de gratitude. Ils semblaient être arrondis par l'envie, non seulement d'être aimable, mais d'être regretté, quelque part, au bout d'une histoire dont il avait été le foudroyant maître de cérémonie, et qui deviendrait, sans lui, une collection de souvenirs. J'avais un peu honte de regarder tous ceux qui écoutaient d'une oreille distraite cet homme parler de son combat contre la maladie. Les attachées de presse rédigeaient leur communiqué : « Le créateur Basil Soda était accompagné de Béatrice Rosen, héroïne du film *2012*, de la *socialite,* mannequin et Miss Monde 2003, Rosanna Davison... » L'œil sur la liste de la tombola, un invité chuchotait à son voisin : « Pas mal, l'agenda Horizon d'Hermès. Pourvu que j'tombe pas sur le sac Darel... » Ce jour-là, Pierre Bergé avait fait stériliser Echo, sa chienne, un shiba inu à tête de renard, reçue en cadeau d'anniversaire en novembre. Jamais il n'avait été aussi proche de ceux que regrettait Glagoliev : « De notre temps, n'est-ce pas, les hommes savaient aimer et haïr, donc s'indigner et mépriser... C'était comme ça ! Oui messieurs !! (...) Et c'est bien par absence de tels hommes que notre époque est mortellement malade[13]... »

Le lendemain, j'étais à Marrakech.

Comme chaque soir, les *moonflowers* du jardin de la villa s'allumaient. « Je suis devenue femme en Yves Saint Laurent », devait me confier Diane von Furstenberg. Pour elle, Yves Saint Laurent était le « dernier héritier du monde de Cocteau, des Ballets russes. Il est très oublié, les gens ne se rendent pas compte… ». Et de poursuivre : « C'était un artiste qui a été écrasé. Qui s'est laissé écraser. Il aimait être un peu pervers sur lui-même. Il a très mal vieilli, il a très mal vécu son deuxième âge... Il était tellement exclu du monde. » Elle se souvient de ce soir, où il avait accepté, pour une fois, de venir dîner chez Caviar Kaspia, où tant de personnalités parisiennes se serraient au premier étage, soudain pas plus grand qu'un verre de vodka. « Il s'était follement amusé. » Moi qui n'ai pas une expérience mondaine, je peux dire que c'était faux. J'étais en face de lui, il était assis à côté de Christine Orban, il est parti avant l'entrée. Betty Catroux l'a raccompagné avec un large sourire, toujours joyeuse : « C'est déjà merveilleux qu'il soit venu. » Ainsi ce miroir, qui lui servait, à la manière du Caravage, de cadre pour tailler dans la lumière, ne nous renvoie plus que des images trop floues, saturées par tout ce que nous projetons sur lui.

A Marrakech, la lune a des reflets de champagne. Un Hummer noir raye la route de Fez. A son bord, un homme au cheveux gris, une blonde magnum. Toujours les mêmes. Ceux qu'on retrouverait encore à la Mamounia. Ceux dont je devine les envies, et les conversations s'égrenant entre deux tubes de Lady Gaga. Ceux que j'avais envie de fuir.

Dans la médina, je revois ces hommes en haïk noir frôlant les murs, comme des ombres éternelles sur une page rose. Ils sont les figurants d'une histoire que nargue l'apparition éclair de ces fils barbus, cette menace désamortie par le triomphe du PAM, le nouveau Parti de l'authenticité et de la modernité, par l'afflux des touristes en chemise et des investisseurs confiants. J'ai encore plus froid qu'à Venise, là où, sur les conseils de Martine Barrat, amie d'enfance d'Yves Saint Laurent, j'étais partie un hiver avec mes malles, rédiger la biographie du couturier : « Tu dois écrire là-bas, c'est la ville des Lions. » Cette fois, je n'ai plus de livres, plus d'archives, plus de photos, juste mon cahier, avec des notes griffonnées dans tous les sens.

Attraper ce qui nous échappe, cette lumière qui se levait sur la « chambre d'Yves » et se couche sur le salon bleu, cette pièce, comme de l'eau vive où il fait bon plonger. Là j'aperçois, dans une boîte à courrier vide, une carte postale reprenant l'image de « Dovima et les éléphants » de Richard Avedon.

En 2001, Bernard Sanz est revenu vivre à Marrakech, parce qu'à Paris « personne ne voulait de lui » : « Un jour, Pierre m'a appelé... » L'homme que j'ai connu, si coquet, un brin classieux avec ses duffle-coats couleur de bougainvillée et ses chemises magenta, porte ce jour-là un col roulé de cachemire sable, l'allure un peu défaite du week-end. Le téléphone sonne. Il fouille dans son gros cabas de cuir noir pour attraper le portable lesté d'un grigri de passementerie, et répondre d'une voix de chat : « Oui, beauté. » Il n'est pas rasé, tout en lui me parle de la solitude dans laquelle les « marqués » Saint Laurent se comprennent, tous membres sans le savoir de la grande loge des border line. « *Love me forever or never* » tel est le *motto*. Tout se condense dans cette eau de Majorelle, lancée pour le printemps 2010 : « J'ai voulu raconter Marrakech au mois d'avril. L'odeur entêtante des orangers en fleur. On passe à côté de la boutique d'un menuisier taillant du cèdre, puis de l'échoppe d'un marchand d'épices… » Bernard Sanz crée des objets pour la boutique du Jardin Majorelle, à l'image de ces foulards imprimés « quatre saisons » d'après un dessin d'Yves Saint Laurent. Les carrés en voile de coton ont été bloqués en douane pendant un mois...

Le temps de l'Orient se venge toujours.

Paris, février 2010.

Notes

1. Hector Bianciotti, *in* supplément « Nos années Yves Saint Laurent », *Le Monde*, 23 janvier 2002.

2. *Ce que le jour doit à la nuit*, Yasmina Khadra, Pocket, 2009.

3. *Le Diable s'habille en Prada*, Lauren Weisberger, Pocket, 2005.

4. *The September Issue*, documentaire de R.J. Cutler, 2009.

5. *Tu seras une femme, ma fille*, Nathalie Rykiel, Calmann-Lévy, 2010.

6. *Lettres à Yves*, Pierre Bergé, Gallimard, 2010.

7. *Libération*, 25 février 2009.

8. *Le Partage de midi*, Paul Claudel, 1906, Folio.

9. *France la doulce*, Paul Morand, Gallimard, 1934.

10. Charles Consigny, *Spring*, 10 novembre 2009.

11. *Rachel contre Dieu*, 1927, *in Romans et Nouvelles*, Stefan Zweig, Le Livre de Poche.

12. *Majorelle*, Pierre Bergé et Madison Cox, photographies de Claire de Virieu, Actes Sud, 1999.

13. *Platonov : le Fléau de l'absence de pères*, Anton Tchekhov, Babel, Actes Sud, 2003.

Cet ouvrage a été imprimé par
Dupli-Print à Domont (95)
pour le compte des Éditions Grasset
en octobre 2017

Grasset s'engage pour l'environnement en réduisant l'empreinte carbone de ses livres. Celle de cet exemplaire est de :
0,550 kg éq. CO_2
Rendez-vous sur www.grasset-durable.fr

PAPIER À BASE DE FIBRES CERTIFIÉES

Première édition dépôt légal : mars 2010
Nouveau tirage, dépôt légal : novembre 2017
N° d'édition : 20129 - N° d'impression : 2017103655

Imprimé en France